「イジメ問題」を発端《ほったん》として、学校の創立を決意したが、いささか教育者としても「プロ」の側面が出て来たように思う。私自身も、個人で蔵書十数万冊を有しているほど勉強好きだが、すでに刊行した千点以上の著作のなかでは、英語の参考書も百二十冊ほど出版している（内部限定）。教育は、根性、忍耐、情熱、継続が大切だとつくづく思う、今日、この頃である。

二〇一三年　一月三十日

幸福《こうふく》の科学《かがく》グループ創始者兼総裁《そうししゃけんそうさい》　大川隆法《おおかわりゅうほう》
（幸福《こうふく》の科学学園創立者《かがくがくえんそうりつしゃ》）

# 教育の使命　目次

## 第2章　教育への情熱

# 第3章　セルフ・ヘルプと愛国心

# 第4章　宗教教育はなぜ大切か

## 第5章　幸福の科学大学と未来社会

# 第1章

# 教育の使命

二〇一〇年十月十七日

北海道・幸福の科学　新札幌《しんさっぽろ》支部精舎《しょうじゃ》にて

## 1　教育への「バラマキ」を考える

### 北海道の「鳩山《はとやま》ブーム」から始まった二〇〇九年の政権交代

本章では、「教育の使命」というテーマで述べていきます。

私は、この章のもとになる説法《せっぽう》を、幸福の科学の新札幌《しんさっぽろ》支部精舎《しょうじゃ》で行いました。北海道では、特に学校教育に関して問題が多いようなので、教育問題について重点的に述べたのです。

要するに、「北海道には、学校教育における〝ガン細胞《さいぼう》〟がある」ということです。

日教組《にっきょうそ》（日本教職員組合）というのは全国的に有名ですが、そのなかでも、北《ほっ》教組《きょうそ》（北海道教職員組合）には、さらに輪をかけたぐらい大きな問題があるようです。

北教組は、国政選挙等で、教師が熱心に選挙活動をしたり、候補者に組合から不正に資金を提供したりするなど、「教育よりも、自分たちの地位の安泰《あんたい》や安定を考え、将来、自分たちが不利にならないようにすることに熱心な団体であらしい」ということを聞いています。

話は少しずれますが、私は、その札幌での説法の前日、飛行機で北海道に入りました。その飛行機のなかで、私の前の席には当時の民主党政権の外務大臣が座《すわ》ったのです。私は、「あなたの外交はなっていない」と言って、後ろから頭をコツンと叩《たた》こうかと思ったのですが、彼は、席に座るやいなや、いびきをかいて寝《ね》始めました。

彼は、飛行機に乗っている一時間半の間、ずっと寝ていましたが、私は勉強をしていました。これが彼と私の違《ちが》いです。

その一時間半の間に、私は、本多静六博士《ほんだせいろくはかせ》の本を一冊読みました。本多静六というのは、明治期に、苦学をして立身出世し、富豪《ふごう》になり、また教育のほうにも足跡《そくせき》を遺《のこ》して、近代日本の建設に大きな貢献《こうけん》をした人です。

私は、その人の本を一冊読み終え、さらに、時間が余ったので、幸福の科学の仏法真理塾《ぶっぽうしんりじゅく》「サクセス№1《ナンバーワン》」の塾生や「幸福の科学学園」の生徒たちが使う大学受験用の「英単熟語集」の校正をしたのです。

その外務大臣は、飛行機に乗ってきたときも、降りるときも、私に気づかず、そのまま行ってしまいました。よほど、お疲《つか》れだったのでしょう。

ともあれ、二〇〇九年の総選挙では、鳩山《はとやま》ブームが起き、彼の地元の北海道を中心に政権交代の動きが起きたようなところもあるので、北海道には、「日本の国がよくなったか、悪くなったか」ということについての責任があると思います。

当時、私は、「鳩山氏が首相になると、この国は危ない」と、ずいぶん警告したのですが、北海道民も、他の国民も、聞く耳を持ちませんでした。

そして、私が言ったとおり、一年もたたないうちにガタガタになり、いろいろな面で問題が出てきました。

まず、「外交」が駄目《だめ》なことは分かっていましたが、「経済」も「景気対策」も全然駄目でした。

## 教育内容には踏《ふ》み込《こ》まず、お金をばら撒《ま》いただけの民主党

さらに、「教育」については、バラマキをして、力を入れているつもりでいたのでしょうが、肝心要《かんじんかなめ》の「教育の内容」には踏《ふ》み込《こ》んでいないところが問題でした。

「とにかく、お金さえ出せば、教育支援《しえん》をしたことになる」という考えを持っ

ていたようですが、「国家が財政赤字で困っている。本当に財政破綻《はたん》するかもしれない」と本気で考えていたならば、ただただバラマキをすることなど、できるものではありません。

お金を出すに当たっては、「それが有効なお金かどうか」ということについて、しっかりと考え、周到《しゅうとう》な準備や研究をして対策を立てなければいけませんが、民主党は、そういうことを考えておらず、結果的には、選挙で「票の買収」をしただけのように私には見えました。

要するに、「民主党に票を入れてくれたら、お金をこれだけあげます」と言っているように聞こえ、二大政党が買収合戦《がっせん》を行っているように見えたのです。

国民は、その現金にパクッと食いついていきましたが、悲しいかぎりです。「そんなことをしてよいのか。この程度の内容の教育に、お金をばら撒《ま》いて、本当によいのか」と、立ち止まって考えるだけの知性が欲《ほ》しいところですが、「本当に情けないな」と感じました。

## 2　教育者のあるべき姿とは

### 今、必要とされているのは「二宮尊徳《にのみやそんとく》の精神」

最近、神奈川《かながわ》県では、二宮尊徳《にのみやそんとく》像が復興されつつあるという不思議な現象が起きているようで、「二宮尊徳の像を立て直す学校が、少しずつ増えてきているらしい」という記事が出ていました。

以前、私は、「二宮尊徳像を立てれば、その像が日教組《にっきょうそ》教育と戦うだろう」と述べたことがありますが（『富国創造論』〔幸福の科学出版刊〕第1章参照）、基本的に、そういう面はあるでしょう。

教育を通して、この国を発展させたり、各人の人生を成功に持っていったりしようとするならば、やはり、「二宮尊徳的な精神」が要《い》ると思います。それは、「努力を通して、人格や人徳が磨《みが》かれなければいけない」ということです。

勉強において精進《しょうじん》することで、人は立派になっていきます。そして、その立派な人が、よい仕事をなすような社会をつくらなければいけないわけです。

したがって、人物として立派になると同時に、よい仕事をする人になるような教育をしなければいけません。そのモデルの一人が、二宮尊徳だと思うのです。

しかし、今、学校の先生たちは、上の人に管理されたくないために、「自分たちを管理するな。勤務評定《ひょうてい》をするな」と言って抵抗《ていこう》運動をしています。そういう先生が、生徒を正しく管理できるかというと、できるわけがありません。

生徒のほうも、先生がやっているように、「私たちを管理するな」と言うはずです。「先生が上の人の言うことをきかないで『楽をしよう』としているのなら、私たちだって同じだ」ということで、学級崩壊《ほうかい》も学力の低下も、当然、起きてくるでしょう。

やはり、生徒は、上にいる先生を見習い、だんだん似てくるものなので、そのあたりが問題なのではないかと思うのです。

## 教師には「聖職者としての使命」がある

生徒によく勉強させようとするならば、まず、先生が、自ら「勉強する姿勢」や「学問を愛する姿勢」を見せなければいけないし、その「学徳」が、人格を高め、世の中への貢献《こうけん》につながっていくところを見せなければいけないと思います。

そのような先生は、自然に慕《した》われるようになるでしょうが、一生懸命《いっしょうけんめい》に「労働者の権利」を主張しているような先生には「尊さ」がありません。そういう先生を見ていると、少し悲しい気持ちになるものです。

やはり、教師には、「聖職者としての使命」というものがあるのではないでしょうか。

私の場合は宗教家ですが、「人類救済運動」について考えていると、やはり時間のたつことなど、すっかり忘れてしまうところがあります。

周りの人たちからは、「総裁は延々と仕事をしていますね」というように言われるのですが、本当に、延々と仕事をしています。「人類救済運動は『終わりがない戦い』である」と思っているからです。

## 「向上心なき者」に人を指導する資格はない

学校の先生が、自分たちを「一労働者」と規定して、「生徒たちに感化力を及《およ》ぼしたくない」という方向を向いているのなら、それは大きな問題です。

そういう教育が日本全国で主流となっておりながら、しかも、教育費をタダにしていく方向に進んでおりながら、先生のほうが「教員免許《めんきょ》の更新《こうしん》はあまり行われないし、教育の質も問われない」ということであれば、やはり「堕落《だらく》するな」と言っても無理ではないかと感じます。

「競争の原理」には、一見、厳しい面もありますが、教育の質を高めるためには必要なことです。実際、塾《じゅく》は競争が激しいため、塾の先生を尊敬している生徒が非常に多い反面、学校の先生を尊敬している生徒は少ないのです。

昔はそうではなく、学校の先生を尊敬している人が大勢いましたが、今は、塾の先生を尊敬している人のほうが多くなっています。塾の先生の場合、教員免許を持っていない人のほうが多いと思われるにもかかわらず、そういう状況《じょうきょう》になっています。

学校の先生は、競争率が十数倍もの難しい教員試験に受かっているので、本来は塾の先生よりも偉《えら》いはずなのですが、「いったん資格を得たら、あとは楽ができる」という方向にいくと、やはり、人間は怠《なま》けてしまいます。何か資格を得ても、三年もすると、もとに戻《もど》ってしまうので、努力を積み重ねて精進していかなければ、駄目《だめ》になっていくのです。

基本的に、「自分自身で目標を設定し、努力していこう」という気持ちのない人には、指導者としての資格はないでしょう。向上心のない人を指導者にすることはできません。向上心なき者に、人を指導する資格はないのです。

「ただただ下がっていく」という感じで、楽をしていく方向に流れていき始めたら、その人は、生徒が手本にするには足りないと思います。

したがって、「常に、一歩でも二歩でも自分に磨きをかけようと努力している先生の下《もと》には、優秀《ゆうしゅう》な生徒が育ってくる」と考えてよいのです。

## 3　明るい未来をつくるための教育政策

### 「生き金」と「死に金」の違《ちが》いを見分けるのが資本主義の精神

もちろん、「勉強する意欲を持っているにもかかわらず、家庭が貧しいために勉強の機会が得られない」という人に対して、積極的に教育の補助をするのはよいことですし、ぜひ、そうあってほしいものだとは思います。

しかし、勉強する気が全然なく、サボりたいだけの人に対して、「学費がタダだから、とにかく学校に行きなさい」というような後押《あとお》しをするのは考えものです。これでは、その補助金が、本当の「無駄《むだ》金」「死に金」になってしまいます。

一方、本当に勉強したいのに学校に行けない子供には、何とかしてチャンスを与《あた》えたいものです。そういうお金は「生きてくるお金」です。

このへんの、「生き金」と「死に金」の違《ちが》いを見分けるところが、難しく言えば、「資本主義の精神」そのものだと思うのです。

先の民主党政府の考え方には、そういう精神が欠けていて、どちらかというと、票を買うために、教育費と称《しょう》してお金をばら撒《ま》こうとしたところがあったと思います。

その結果、どうなったかというと、最初に、八ッ場《やんば》ダムの建設中止等を打ち出したものの、その一年後には、「五兆円の財政出動をする」ということになりました。

それは、二〇〇九年の政権交代当初から、私が予想していたことです。「こんなことで絶対に済むはずがない。結局、財政出動をすることになるし、日銀も、お金をもっと出さざるをえなくなるだろう」と思っていました。「結果が見えていない」というのは、本当に悲しいものです。

## 「ゆとり教育」が日本の国際競争力を低下させた

とにかく、この国の未来を明るくしたかったら、自分たちよりも後に来る人たちが、自分たちを乗り越《こ》えていけるような状況《じょうきょう》をつくらなければなりません。先生というのは、生徒が自分を追い抜《ぬ》いていくことを喜びとしなければいけないのです。

そのためには、「後ろ姿」を見せなければいけません。自分が努力している後ろ姿、背中を見せながら、「後から来る君たちは、私を乗り越えて先へ進みなさい。それが、この国の発展につながるし、世界のためにもなるのだよ」と教えなければいけないのです。

これは、「自分たちだけの権益を守ろう」などという堕落《だらく》したスタイルの先生にはできないことです。

しかも、「ゆとり教育が大切だ」と言って楽をしてきたツケが、日本の国際競争力の低下となって表れています。それだけ、日本の学力水準が下がってきているのです。

これから復活させようとしているところですが、ゆとり教育では、教育内容が三割ぐらい削減《さくげん》されました。

例えば、昔は、中学三年間で習う必修単語が千語ぐらいあったと思いますが、それがだんだん減らされていきました。特に、ゆとり教育下の指導要領では、そのうちの基本語が百語にまで減っていったのです（説法《せっぽう》当時。二〇一二年より必修単語は千二百語に増加）。

英語圏《けん》では、「乞食《こじき》になるのにも三百語は必要だ」というように言われているので、この程度では使いものになりません。世界に出せる人材など、育ちようがないでしょう。

今、当会は中国を批判していますが、その中国のほうが、日本よりも英語をずっと熱心に勉強しています。中国人は、みな、「出世したり、お金を儲《もう》けたりしたい」という理由で、英語をよく勉強しているのです。

中国人も、韓国《かんこく》人も、「自分たちのほうが、日本人より英語ができる」と、自信満々です。彼らの国では、英語力が出世や就職に直結するのですが、それは、非常に合理的で、現実主義的な考えです。そういうなかにあって、日本は、現状にあぐらをかき、転落へ向かっていこうとしているとしか思えません。

## 「実社会で使える人材」を育てるために必要なこと

高校の参考書を見ると、「これは中学校の参考書かな」と思うほど易しい内容が載《の》っていたりするので、このようなことでは駄目だと思います。

幸福の科学は、今、教育事業も行っていますが、「最終的に実社会に出て使えるレベル」を考えると、やはり、その途中《とちゅう》において埋《う》めていかなければいけないものがあります。

先生は、「自分が担当しているときに楽だったらよい」とか、「生徒が文句《もんく》を言わなければよい」とか、そのように考えるのではなく、生徒が実社会に出て使えることを教えなければいけません。

そういう意味では、社会で実際に仕事をした人などに教員資格を与えてもよいと思うのです。

例えば、「国務大臣は、その過半数は国会議員から選ばれなければならない」とされていますが、半数未満なら国会議員ではない人が大臣になっても構わないわけです。

それと同じように、教員にも、「教育学部系の人でなければならない」という必然性はなく、ほかの学部を出た人のなかにも、学力があり、教え方がうまい人はたくさんいます。

さらに、例えば、営業系やサービス系で仕事をした人だったら、学級崩壊《ほうかい》を起こさないような授業が、わりに簡単にできてしまうかもしれませんし、あるいは、マネジメントや経営を経験した人だったら、学校をうまく運営できるかもしれません。

## 「どのような志を立てるのか」を生徒に教えてほしい

民主党の教育政策を見ていて、私は、「やや甘《あま》いのではないかな」と感じていました。もしかしたら、そこに最大の無駄があったのかもしれません。「最大の善意で行《おこな》っていることが、最大の無駄になるかもしれない」ということを知ったほうがよいでしょう。

今、当会は、海外活動も行っており、インドやネパール、アフリカの一部でも、教育支援《しえん》活動を行っています。本当に何もないような国の子供たちにとっては、ノート一冊、鉛筆《えんぴつ》一本など、いろいろな教材は非常に尊いものですが、物が豊富すぎる日本においては、気をつけないと、堕落する道へと入っていく危険性があります。

とにかく、「自分を高める」という気持ちを持っていない人、あるいは、立志、すなわち「志を立てる」という気持ちを持っていない人には、やはり、教員たる資格はありません。

教科の試験をするのも結構ですが、生徒たちに、「あなたは、どのような志を立てているのか」ということをきちんと訊《き》いてほしいのです。特に、「少年よ、大志を抱《いだ》け！」と言ったクラーク博士《はかせ》がいたわりには、北海道はまことに情けない状態にあると思います。

# 4　教育界に新風《しんぷう》を吹《ふ》き込《こ》もう

## 「今までにないもの」をつくり出す方向での教育を

日本は、何とかして、「マイナスの引力」から脱出《だっしゅつ》しなければいけません。

私は、「地方も梃入《てこい》れをしなければいけない」と思っていますが、確かに、東京から離《はな》れれば離れるほど、疎外《そがい》感や、うらぶれた感じが出てきて、「さみしい、悲しい」という気持ちになりやすいでしょう。

しかし、そういう感情にとらわれていてはいけないのです。やはり、二本の足でしっかりと立ち、もう一度、自分たちの力で立て直さなければいけません。

「考え方で人間は変わるし、考え方で世界は変わっていくのだ」と思い、努力しなくてはいけないと思うのです。

現にあるものだけで考えても、しかたがありません。やはり、何か、「今までにないもの」をつくり出していくことを考えなければいけないのです。「今まで世の中になかったもの」「今までの発想にないもの」をつくり出し、生み出していく。そういう方向に向かって教育をしなければいけません。

その意味で、企画《きかく》力や発想力のある人、新しい価値を生み出していこうとする勇気を持った人、アイデア豊富な人をつくっていかなければならないのです。

## マルクス主義に潜《ひそ》む「人を堕落《だらく》させる甘《あま》い誘惑《ゆうわく》」

特に、教員組合の根本《こんぽん》の部分には、マルクス主義が深く入っていると思いますが、すでに私は、「共産主義の御本尊《ごほんぞん》」とでも言うべきマルクスの正体を暴《あば》きました（『マルクス・毛沢東《もうたくとう》のスピリチュアル・メッセージ』〔幸福の科学出版刊〕

第1章参照)。

彼は、死後、地獄《じごく》に堕《お》ちており、しかも、自分が地獄にいることさえも分からずに、ずっと眠《ねむ》っているような状態でした。

そのような人の教えを学び、それを広げて、どうするのでしょうか。結局、彼の思想には間違《まちが》いがあったのです。

「一見、よいことをしているように見えても、あまり簡単に多くの人が賛同するもののなかには、人を堕落《だらく》させる甘《あま》い誘惑《ゆうわく》がたくさんある」ということを知らなければいけません。

例えば、「お金が儲《もう》からないのは、大資本家が悪いからだ」という言い方はあるでしょう。あるいは、「お金持ちが悪いのだ。だから、自分たちにはお金がないのだ」という言い方もあるでしょう。そのように言うほうが楽ですし、多数を形成するのは簡単かもしれませんが、そうは言っても、この世の中で、事業をして成功していくのは大変なことです。創意工夫《くふう》が必要ですし、多くの人の支持を受けなければ、実際に、成功することはできないのです。

その秘密をマスターしなければ、自分がそうなることはできません。謙虚《けんきょ》に学ばなければいけないところがあるにもかかわらず、単に、「彼らは悪いことをしたのだ。自分たちには、一切《いっさい》、何も問題はない。だから、金をよこせ」と言うのは、はっきり言えば、「合理的強盗《ごうとう》」です。

## 学校に必要なのは「智慧《ちえ》を生み出すための教育」

他の人が一生懸命《いっしょうけんめい》に稼《かせ》いだものを、「法律で合理的にばら撒《ま》け」とだけ言うのは、よくないことです。やはり、「人々が智慧《ちえ》を付け加えることによって、新しいものを生み出していく」ということが大事なのです。

智慧を生み出して、新しい産業を拓《ひら》き、新しい産物をつくり、今までこの世になかったものをつくることができれば、多くのニーズを生み出して豊かになることができます。そういう教育をしなければいけません。

つまり、「智慧を生み出すための教育」が必要であり、その基礎《きそ》になるのが、実は、学校教育のところなのです。

その学校教育においては、まず、「努力する習慣」を身につけさせることが非常に大事です。「努力して繰《く》り返し学び、マスターしていくことによって、人間は賢《かしこ》くなっていくのだ」ということを実感させることが大事なのです。

努力してマスターすると、賢くなっていきます。賢くなったら、応用が効いてきて、社会に出ていろいろな仕事をするときも、あるいは、新しいことを勉強するときも、その「自分で勉強する力」を生かしていけるのです。そのことを知らなければいけません。

## 「教育に対する信用」を回復させるために

昔は単純に尊敬されていたものの、今は、教育に対する信用が非常に落ちています。その信用を回復させなければいけません。「勉強ができることが、実際に社会を発展させるために、どれほど役に立つか」ということを示すために、今一度、教育に梃入れをし、底上げをしなければいけないと思うのです。

日本では、一九九〇年ごろから二十年以上、不況《ふきょう》とデフレとが重なったような状況が続いており、全体的に調子が悪いのですが、そのあたりから、私の母校でもある東京大学の評判も悪くなってきました。「官僚《かんりょう》たちが国家の運営に失敗したために、日本が駄目《だめ》になった」という理由で、官僚人気もなくなり、東大の人気も少し落ちたわけですが、私には、それが悔《くや》しくてしかたがありません。

「よく勉強した人は、仕事ができなくなって、この世を悪くする」というのであれば、教育そのものが崩壊《ほうかい》してしまいます。それは断じて許しがたいことです。やはり、よく勉強したならば、その「勉強した成果」「努力した結果」を、ほかのものに応用して、他の人を幸福にし、「教育が社会を発展させる力になっていく」ということを実証しなければなりません。

そのためには、先生が持っているエートス、すなわち持続的な精神的態度が非常に大事です。「よく勉強をして、世の中の役に立つ人間になっていけ！」ということを、繰り返し教え込《こ》むことが大事だと思うのです。

ところが、北教組《ほっきょうそ》などは、「競争を排除《はいじょ》して、成績が全然分からないようにし、さらに、落ちこぼれている子に対してさえ補習をしない」という方針をとっています。左翼《さよく》教育には、「下」のほうに対して優《やさ》しい面もあるのですが、「平等に接するために、落ちこぼれた人に手を差し伸《の》べず、何もしない」という面もあるようです。しかし、これでは単なるサボりでしょう。

こういう教員組合から、違法《いほう》な献金《けんきん》を受けて選挙で当選するなどというのは、恥《は》ずかしいことです。

まず、腐《くさ》り切った教育界に新風を吹《ふ》き込むことができたら、そこから、「新しい何か」が始まっていくでしょう。

「新しい力」が欲《ほ》しいと思います。十年、二十年と、「新しい旋風《せんぷう》」を送り続けていきたいものです。

# 第2章 教育への情熱

二〇一一年一月二十三日
滋賀《しが》県・大津《おおつ》市民会館にて

## 1　中江藤樹《なかえとうじゅ》に学ぶ「徳育」の大切さ

### 宗教家は本質的に「教育家」である

二〇一三年四月、滋賀《しが》県大津《おおつ》市に、「幸福の科学学園 関西中学校・高等学校」(以下、関西校と略)を開校することになりました。

「宗教家に教育者としての資格があるのか」と問う人もいるかもしれませんが、私は、「宗教家は本質的に教育家である」と考えており、実際に、小さな子供から百歳《さい》代の人たちまでを教えています。

特に、中学生・高校生を中心とするヤング層の人たちに対しては、「もう一段の『徳力の増強』と『啓蒙《けいもう》』がなければ、この国の未来は危《あや》ういものになるのではないか」という危惧《きぐ》を強く抱《いだ》いています。

日本は、今、国力が衰退《すいたい》する曲がり角に立っているのではないでしょうか。その意味で、私たちがなそうとしている教育事業は、「この国が、今後も発展の軌道《きどう》に乗っていくのか。それとも、すでにピークを過ぎていて、これから下り坂に入っていくのか」ということと大きくかかわっていると思うのです。

## 「徳力のある教育」が持つ大きな影響力《えいきょうりょく》

そもそも、私が関西校をつくるに当たり、「滋賀県・近江《おうみ》の地がよいのではないか」と考えた理由の一つは、「この地には、かつて、中江藤樹《なかえとうじゅ》という非常に立派な人がいた」ということでした。

中江藤樹は儒学者《じゅがくしゃ》であり、四百年ほど前の人です。年老いた母親の面倒《めんどう》を見るために、他国（伊予大洲藩《いよおおずはん》）から、故郷である近江の地に帰り、そこで私塾《しじゅく》を開いて教えていたのです。

この人は「近江聖人《せいじん》」と呼ばれていますが、その理由は、やはり、彼の徳力、感化力に非常に非凡《ひぼん》なものがあったからだと思います。

そのことを示す有名な話があります。

江戸《えど》時代の初め、岡山《おかやま》に熊沢蕃山《くまざわばんざん》という人がいました。この人は、藩主から、「全国を回って、聖人を探して連れてくるか、弟子《でし》入りして勉強せよ」というようなことを言われて旅に出ます。そして、近江の地で旅館に泊《と》まったところ、その夜、襖越《ふすまご》しに隣《となり》の部屋から話し声が聞こえてきました。

「いったい何だろうか」と思って、耳をそばだてて聴《き》いていると、その話は、次のようなものでした。

「私が、以前、藩から命令を受けて二百両のお金を運んでいたときに、途中《とちゅう》、馬《ま》子《ご》（馬を使って人や物を運ぶ人）を雇《やと》い、馬に乗ってここに着いたのですが、馬から降りて旅館に入る際に、『なくしてはいけない』と思って鞍《くら》にしっかり結び付けていたお金を外すのを忘れてしまいました。

『これでは面目《めんぼく》が立たない。死んでお詫《わ》びをしなければいけない』ということで、途方に暮れたのです。

ところが、夜中になり、コンコンと叩《たた》く音がして戸を開けると、入ってきたのは、例の馬を引いていた馬子でした。私は、馬子の名前を知らなかったので、探しようもなかったのですが、馬子が自分から訪ねてきて、忘れ物の二百両を届けてくれたのです。

あまりの正直さに驚《おど》ろき、お礼として、何両かを渡《わた》そうとしたものの、その馬子は、『もともと、あなたのものです』と言って、どうしても受け取りません。

そこで困っていると、馬子は、『私は、これを届けるために数里の道を歩いてきたのですが、そのせいでわらじを一足潰《つぶ》してしまいました。ですから、わらじ代だけ頂ければ結構です』と言うので、最後は、とうとう、わらじ代だけを渡しました。

『取ろうと思えば、二百両すべてを取ることができたのに、そうせずに、その日のうちに届けてくる。しかも、お礼はわらじ一足分だけでいい』という人がいたわけです。

そこで、『あなたは、なぜ、それほど無欲で正直なのですか』と訊《き》くと、その馬子は、『この地には、中江藤樹という先生がいて、村の人々に〈正直でありなさい〉と常に教えておられます。だから、私は、その教えを守っているだけなのです』と答えたのです」

熊沢蕃山は、この話を聞いて驚き、「自分が探していた人は、ここにいる！」

と思って、さっそく中江藤樹の家を訪ねて入門を願い出ます。いったんは入門を断られたものの、家の軒下《のきした》に三日三晩座《すわ》り続けた結果、とうとう中江藤樹の母親がとりなしてくれて、入門を許されます。そして、彼は、中江藤樹の弟子になったあと、その教えを全国に広めていきました。

このように、「一人の人の教えが、多くの人々を感化する」という実績が、過去、現実にあるわけです。

馬子というのは、今で言えば、タクシーの運転手に当たるかもしれません。この話は、「流しのタクシーを拾って乗ったところ、大金を置き忘れてしまったが、その日の夜に、そのまま返ってきた」というようなことでしょう。

「この地では、中江藤樹が塾を開いて以降、物がなくなることがなくなった」とも言われています。

そのように、非常に徳力のある教育を行うと、それが、周りに知らず知らずのうちに大きな影響《えいきょう》を与《あた》え、地域を超《こ》えて日本全国に広がっていくのです。

教育には、そのような力があるわけです。

## 「高貴なる義務《ノーブレス・オブリージ》」を教えている幸福の科学学園

私たちは、今、「この日本の国では、実学や技術的なものを教える教育は数多く発達しているけれども、徳育は不足しているのではないか」と感じています。

もちろん、現代の世の中ですから、「資本主義社会のなかをたくましく生き抜《ぬ》いていくような企業家《きぎょうか》精神に溢《あふ》れた人が輩出《はいしゅつ》される教育をしなければならない」と考えていますが、教育の中心には、やはり、人間を「善なるもの」として導く考え方がなければなりません。

したがって、中江藤樹の「正直であれ」という教えではありませんが、子供たちには、「善なる人間を目指せ」ということを言わなければならないでしょう。

より高い教育を目指すことは、もちろん大切です。あるいは、子供たちも、将来、社会で羽ばたけるように、しっかりとした学力を身につけて、伸《の》びていっていただきたいとは思います。

ただ、現代の世の中では、高学歴の人たちには、得てして、その学歴を自分の利得のために使う傾向《けいこう》が出てきています。そのため、私たちは、「そうであってはならない」と訴《うった》えているわけです。

例えば、幸福の科学学園では、「ノーブレス・オブリージ（高貴なる義務）」という少し難しい言葉も使っています。つまり、「周りからエリートとして認められるような人には、高貴なる義務が伴《ともな》うのだ。やはり、人間は自分のためだけに生きてはいけない。世の多くの人たちから尊敬され、認められれば認められるほど、世の中のために尽《つ》くさなければならないのだ」ということを教えています。

これは、古い言葉で言えば、日本の武士道精神かもしれませんし、ヨーロッパ的に言えば、騎士道《きしどう》精神かもしれません。いずれにせよ、「日本のために、世界のために、何かをお返ししていこう」と思う人たちをつくっていきたいと願っているのです。

## 2 幸福の科学学園の驚《おどろ》くべき成果

### 学園生の文集を読み、思わず知らず涙《なみだ》が流れた理由

具体的な話をしましょう。

先日、栃木《とちぎ》県那須《なす》町にある「幸福の科学学園中学校・高等学校」（二〇一〇年開校。以下、那須本校と略）の生徒たちが書いた文集の一つが、私の所にも届きました。それは、奨学金《しょうがくきん》を受けている生徒たちが、幸福の科学学園に寄付をして

くださっている方々に宛《あ》てて一人一枚ずつ手紙を書き、それを綴《つづ》って文集にしたものです。

私も、雀《すずめ》の涙《なみだ》ほどの、かすかな寄付をしているので、私の所にも届いたわけですが、その生徒たちが書いた手紙を一枚一枚めくりながら読んでいると、思わず知らず涙が流れてきました。

この若さにもかかわらず、感謝の言葉で満ちていたのです。「今どきの中学生や高校生が、これだけ感謝の言葉を綴れる」というのは、非常に珍《めずら》しいことだと思います。

その文集には、例えば、「自分たちが今、勉強をしたり、クラブ活動をしたりして、さまざまな夢を追いかけることができるのは、みなさんが献金《けんきん》してくださっているおかげです」とか、「みなさんのおかげで奨学金を頂くことができ、今、勉強することができています。ありがとうございます」とか、そのようなことが書かれていました。

あるいは、日ごろの学外活動について触《ふ》れているものもありました。「近くにある那珂川《なかがわ》の清掃《せいそう》をして、空《あ》き缶《かん》や釣《つ》り糸を片付けました」とか、「夏の花火大会のときには、その告知のポスターを近所にお届けし、地元の方と触れ合うことができて、とてもうれしかったです」とか、いろいろと綴られていたのですが、私はそれを読み、何とも言えない感慨《かんがい》を受けたのです。

このように、当学園には、「多くの人たちの恩を受けて、勉強ができている」ということに感謝している子供たちがいます。今の日本では、非常に珍しい風景かと思います。

那須本校は、私立の全寮制《ぜんりょうせい》で三食付きですが、学費・寮費として年間百二十万円程度を頂いて運営しています。ただ、本当のことを言えば、一人当たり年間二百万円ぐらいは頂かないと、採算が取れず、赤字になるのです。つまり、その足りない分については、いろいろな人の寄付を仰《あお》いでいるわけです。

それでも、全生徒の半分ぐらいは、奨学金を受けています。それには、「成績優秀《ゆうしゅう》につき、返さなくてよい」という奨学金もありますが、「社会人になってから、働いて返す」というかたちの奨学金もあります。いずれにしても、半分ぐらいの生徒は、奨学金も受けながら勉強しているわけです。

そういう生徒たちが、今の「感謝の思い」と、将来の「報恩の誓《ちか》い」として、「世の中にお返しをしていきたい。ぜひとも世の中の役に立ちたい」「自分の将来の夢は、こういうものだ」と、一枚一枚、綴っているものを読み、私は、とてもうれしい気持ちでいっぱいになりました。

## 開校一年目で「栃木《とちぎ》有数の進学校」となった那須《なす》本校

私たちは、学校経営については、二〇一〇年から始めたばかりなので、まだプロとは言えませんが、教育事業については、仏法真理塾《ぶっぽうしんりじゅく》「サクセス№1《ナンバーワン》」という、信仰《しんこう》と共に、受験勉強や学校の補習等も教える塾を十年ほど運営してきた実績を持っています。現在、全国に約百二十校を展開するところまで来ているので（二〇一三年二月時点）、教育事業そのものに関しては、まったくの素人《しろうと》ではないのです。

私は、その「サクセス№1」をつくったときに、塾の理念として、「将来、幸福の科学学園をつくるための基礎《きそ》情報と経験を積む」というような趣旨《しゅし》を盛り込《こ》み、それを書いたものを掲《かか》げていましたが、その夢を、今、着々と実現しているわけです。

さらに、二〇一五年には、「幸福の科学大学」も千葉県に開学する予定です。すでに用地は取得済みです。

こうしたなか、今、学園生は勉強していますが、とても優秀です。東京の山手線沿線にある有名進学校にしかいないような、驚《おどろ》くほど優秀な子供たちが全国から集まってきています。

例えば、開校一年目にして、全国模試で約四十七万人の受験者中「九位」の成績を取った高一生がいました。「偏差値《へんさち》八十七」というのは、私も取ったことのないような偏差値です。「こんな偏差値がありえるのか」と少し驚きました。

また、中学生のほうでは、中学一年の二学期に、七十数人中、三名が英検二級に、一名が準二級に合格しています。二級は高校修了《しゅうりょう》レベル、準二級は高校二年生レベルですから、これは、そうとうのところまで行っていると言えます。

学園生は、みな、私たちの熱意を受けて本気で頑張《がんば》ってくれています。私自身も、少しでも彼らの力になれるように、ささやかな努力ではありますが、英語等の教材をつくったり、ときどきは特別授業をしたりしています。その気持ちを汲《く》み取って、生徒たちは頑張って勉強し、どんどん先まで勉強してくれているようです。

ちなみに、私は英語を中心に教材等を作成しているのですが、数学のほうを聞いてみると、「中学二年生の段階で、すでに高校の内容にまで入っている」とのことでした。

このように、今、恐《おそ》るべき進学校ができつつあります。那須《なす》本校は、栃木《とちぎ》県の私中高連（私立中学高等学校連合会）に正式加盟したばかりですが、突如《とつじょ》、栃木県でダントツの学校が出現したわけです。

関西校も、おそらく、地元で有数の学校になるでしょう。

なお、関西校のほうが地の利がよいため、神戸《こうべ》あたりの人でも通学可能だろうと思われます。そこで、寮生を中心としつつも、一部、通学生を受け入れることになっています。

また、「サクセスNo.1」からの推薦《すいせん》で決まるのは定員の五割ぐらいで（ただし、推薦者も、入学試験を受けた上で、最終的に合格が決まる）、あとは、入学試験で決まります。もちろん、信者ではない一般《いっぱん》の受験も可能です。

## 3　国際人材の輩出《はいしゅつ》に向けて

### 「日本の未来を背負う真のエリート」を送り出したい

とにかく、私たちは、理想的な教育を試みることによって、本当に、「この国の未来を背負って立つ人材」を送り出したいのです。

既存《きそん》の学校から数多くのエリートが出ていますが、彼らは、「この先、日本をどうすべきか」という未来図を描《えが》けないでいます。極《きわ》めて情けないことです。

したがって、私たちは、「何とかして、その先を行きたい」と考えています。

例えば、東京大学や慶応《けいおう》大学などにも立派な人は大勢います。私から見ても、「頭がよく、育ちも立派で、容姿端麗《たんれい》な、誰《だれ》が見ても文句のつけようのないエリート」という感じの人は数多くいるのですが、そのなかには、あまり人に好かれないタイプの人も数多くいるのです。

それはなぜでしょうか。おそらく、そういう人には、苦しい思いをしたり、自分の思いどおりにならない時期を過ごしたりした経験がやや足りないのだろうと思います。そういう経験が足りず、あまりに「この世的なエリート」として固まりすぎると、人から好かれないまま、それで〝終わり〟になることがあるのです。

やはり、「世の中の人々の苦しみや悲しみを感じ取る心」を持つと同時に、自らもまた努力し、いろいろな苦しみのなかから道を拓《ひら》いていけるような、そういう勇気を持った人間になっていくことが非常に大事だと私は思っています。

## 「この世的なユートピア」を目指している共産主義との違《ちが》い

私たちの目指しているものは、一つの理想郷、ユートピア世界です。

ただ、こうしたユートピア世界を目指す考え方には、もう一つ、共産主義思想もあります。そのため、左翼《さよく》側の共産主義の社会にも、ユートピア世界を目指している人々はいるでしょう。神仏への信仰《しんこう》は持っていないかもしれませんが、「この世的なユートピアの実現」というものは、マルクス等も考えていました。

一方、私たちは、それとは違《ちが》ったやり方で、ユートピア世界を目指しています。すなわち、神仏の存在を認め、「人間は高貴なる存在である」と想定しながら、活動をし、そのなかで、「立派な指導者として育った人たちには、高貴なる義務が伴《ともな》う。その騎士道《きしどう》精神でもって、恵《めぐ》まれない人や苦しんでいる人、悩《なや》んでいる人を助けていきなさい」と説いているわけです。

その意味で、共産主義と方向は違いますが、結論的には、同じく、「世の中をよくしていきたい」という考え方を持っています。私たちは、大きくて広い琵琶《びわ》湖《こ》のような心を持っているつもりです。

幸福の科学は、狭《せま》い心でもって、「われのみ正しい」と言うような宗教では決してありません。世界のいろいろな宗教に対しても理解を持ち、友好的に、平和的な道を拓いていこうと努力しています。

当会のメンバーのなかには、キリスト教徒もいれば、イスラム教徒もいます。唯物論《ゆいぶつろん》の国と言われている中国や、日本からは敵対的に見える北朝鮮《きたちょうせん》にさえ、信者は広がっています。アジアの国々には特に広がっていますし、内戦の続く地域が数多くあるアフリカでも教えが広がっています。

そうしたなかで、私は、「世界的な人材、国際世界に通じる人材を数多くつくっていきたい」と考えているのです。

## ＋数力国語をマスターした「シュリーマンの情熱」に学ぶ

単に、「自分の点数を伸《の》ばして、よい成績を取り、ほめられる」ということだけを目指して勉強しているうちは、まだまだ本当ではありません。必要を感じて勉強するときに、その力は本物になってくると言えます。

例えば、トロイ遺跡《いせき》を発掘《はっくつ》したシュリーマンは、少年のころ、「トロイ戦争は、神話や伝説ではなく、実際にあったことだ」と確信し、それを確かめるために考古学を学びつつ、語学の学習にも打ち込《こ》みました。これは、あまりにも有名な話です。

ただ、彼は、最初から〝語学屋〟としてスタートしたわけではなく、会社勤めをしていました。夕方まできちんと仕事をし、それから勉強を始めていたのです。

ドイツ人の彼が最初に学んだ言語は、英語でした。彼の自伝には、「英語をマスターするのに半年しかかからなかった」と書いてあります。

彼は、英語を学ぶために、日曜日には二回、英国教会に行き、説教を聞いて勉強したそうです。これは、今で言えば、洋画を観《み》て英語を勉強するようなものかもしれません。また、ウォルター・スコットの『アイヴァンホー』という小説を丸暗記するなど、「とにかく音読を繰《く》り返して、英文を暗記した」とも述べています。

さらに、集中して勉強しているために頭が冴《さ》えてくるのでしょうか、「夜は少ししか眠《ねむ》れなかった。夜中に目が覚めたときには、日中に覚えたことを頭のなかで繰り返してみた」とも書いてあります。ここは、ほとんどの人が覚えていないか、読み落としているところだと思いますが、彼は、夜中に目が覚めたら、語学の勉強をしていたのです。

実は、私も、夜中に目が覚めたときには、語学を勉強しています。本気でやり始めると、やはり、そうなるものなのでしょう。

彼の場合、英語のマスターに半年かかったのがいちばん長く、「その後は、各言語を、だいたい六週間でマスターした」と書いています。

私は、「語学に天才なし」と説いていますが、シュリーマンに関しては、さすがに、少し黙《だま》ってしまうところがあります。「六週間で一つの言語をマスターし、会話や読み書きができるようになる」というのは、そうとうのものです。それも、「仕事をしながら、マスターした」というのです。

彼の自伝には、「会社勤めをしていた時代に、ドイツ語も含《ふく》め、計八カ国語を話せるようになった」と書いてあります。そして、生涯《しょうがい》でマスターした言語は、一説には十五カ国語とも言われています。本当に気が遠くなるところまで行っています。

もちろん、現代では、いろいろな科目があるため、「数学や国語、理科や社会をなくし、外国語の科目だけを選択《せんたく》する」というのであれば、もしかしたら、ある程度は多言語をマスターできるのかもしれませんが、それにしても、シュリーマンはすごいと思います。

そうした情熱は、どこから生まれたのでしょうか。

実は、シュリーマンには、ギリシャ神話の「トロイの木馬《もくば》」の話に関して、「これだけ克明《こくめい》に話が遺《のこ》っている以上、トロイは実際にあったはずだ。今は石ころや砂に埋《う》もれているかもしれないが、必ず伝説の町はある。その町を発掘したい」という強い願いがあったのです。

そして、彼は、「そのためには、ギリシャ語をはじめとする、いろいろな言語を勉強して、考古学を研究する必要がある。また、発掘するための資金も必要なので、いろいろな商売をして、お金を稼《かせ》がなければいけない」と考え、実際に、そのような努力をしたわけです。

　こうして、シュリーマンは、数十年という時間をかけて用意周到《しゅうとう》に準備をし、その上で発掘作業を行って、「実際にトロイ遺跡がある」ということを実証したわけですが、敵はそうとういたようで、いろいろな国の学者から、「そんなものは絶対あるわけがない。ただの伝説であり、神話にすぎない」などと、そうとうな攻撃《こうげき》を受けています。しかし、彼は、語学を武器として、そういう批判と戦ったのです。

　子供時代に親から聞かされた物語に対し、「どう考えても、これは本当にあった話だ。トロイの発掘を一生の仕事にしたい」と決意し、それを実際的な能力をも発揮してやってのけたという意味では、非常に天才的な人だと思います。

　このように、語学にしても、「何かをやりたい」という強い情熱を持っていると、「何としてもマスターしたい」という気持ちが起きてきて、そちらに近づいていくわけです。

## 語学をマスターする鍵《かぎ》は「忍耐力《にんたいりょく》」と「集中力」

私も、今、海外で英語説法《せっぽう》をする必要に迫《せま》られて、三十年ぶりに英語の勉強をやり直しています。なかなか厳しいものはありますが、「実際に必要だ」ということで、自分をその場に追い込めば、やはり、やらざるをえません。

私の英語説法は、ウガンダやネパールの国営放送、あるいはインドの大手民放などでも流れていますが、そういう報告を聞くと、本当に、タラタラと冷や汗《あせ》が流れるほどの〝怖《こわ》さ〟を感じます。「『日本人の英語は下手だ』ということの代表格として使われるのではないか」と思い、ヒヤヒヤ、ドキドキしているものの、やはり、プロである以上、後には引けません。

日本語は、世界最難関語の一つなので、外国の人に、「日本語をマスターして仏法真理《ぶっぽうしんり》を勉強してください」と言うのは無理でしょう。今や、国際語は英語なのです。

したがって、私は、「何としても、英語で直接に仏法真理を伝えたい」と思っているわけですが、そういう念《おも》いが強くなれば、やはり、寸暇《すんか》を惜《お》しんで勉強する気力が湧《わ》いてきます。実際、私は、短い時間を使ってでも、英語の勉強を積み重ねています。

語学というのは、基本的には「忍耐力《にんたいりょく》」です。「忍耐力がなければ語学はマスターできない」と私は考えていますが、この忍耐力は、実社会に出て、いろいろな仕事をしていく上でも、きっと役に立つと思います。

語学をマスターするには、「忍耐力」と「集中力」が非常に大事なのです。

## 4 「高貴なる義務」を背負うために

### 失敗を恐《おそ》れずに「勇気」を持ってチャレンジせよ

さらに、これは特に若い人に申し上げたいのですが、失敗や不名誉《ふめいよ》なことをあまり恐《おそ》れすぎないようにしたほうがよいでしょう。

やはり、発奮しなければ、人生において何事も成し遂《と》げることはできませんし、その発奮のもとにあるのは、しっかりと恥《はじ》をかくことです。

「恥《は》ずかしい思いや悔《くや》しい思い、苦しい思いをしながらも、それを耐《た》え忍《しの》び、努力を続けるなかに、道が開ける」ということを経験していくことが大事です。道は必ず開かれていきます。

確かに、人には才能の差があったりするため、その望みがあまりに高いものである場合には、そこまで行かないこともあると思います。

例えば、野球をしている子供が、「将来、プロ野球の選手になろう」と思っても、ほとんどの人はなれないでしょう。また、マラソンの選手でも、プロとして生きていくとなると、そう簡単なことではありません。

やはり、「願っても届かない」ということはあると思います。

しかし、努力した者には、努力しただけの効果が必ず現れてきます。「原因あれば結果あり」という縁起《えんぎ》の理法《りほう》どおり、ある程度、前進はするのです。

また、もし自分の目標とするものに届かなかったとしても、苦しんだり、「自分の思いどおりにはならない」という厳しさを学んだりしたことが、必ず、その人の魅力《みりょく》に変わっていき、他の人を惹《ひ》きつけていくようになるでしょう。

前述したように、この世的なエリートと言われる人たちの多くは、ある意味での冷たさを持っていたり、逃《に》げるのがうまかったりします。本章の冒頭《ぼうとう》において、「日本は、今、『これから発展するかどうか』という曲がり角を迎《むか》えている」と述べましたが、これは、今の日本のエリートたちの姿とも関係することだと思うのです。

受験勉強でよくできた人たちは、ミスや失敗を恐れる心が非常に強いのが特徴《とくちょう》です。その結果、「勇気がない」という傾向《けいこう》や、「チャレンジしたり企画《きかく》したりする能力が低い」という傾向が出てきています。これを、何とかして突破《とっぱ》していかなければなりません。

## 「できない理由」ではなく、「どうすればできるか」を考えよ

最後に、教育に関して、もう一つ述べておきたいことがあります。

人間である以上、教える教師の側にも、できない言い訳は数限りなく出てくる

と思います。非常に忙《いそが》しく、肉体的にも能力的にも限界があるため、「できない」という言い訳はたくさん出てくるでしょう。

また、生徒の側にも、勉強ができない言い訳をはじめとして、「自分にはできない」という言い訳が数多く出てくると思います。

しかし、「受験秀才《しゅうさい》をつくる過程において、〝言い訳人間〟を大量生産したならば、国にとっての未来はない」ということを申し上げておきたいのです。

世の中には、言い訳をしたくなるような状況《じょうきょう》はたくさんあるのですが、もう一段、自分の人格を輝《かがや》かせて、もう一歩を進めるためには、「そこで踏《ふ》みとどまって言い訳を排《はい》し、一歩一歩、前進していく力」が大事です。

調子のよい日など、待っていても来ません。一年中、「やる気がモリモリ出てくる調子のよい日が、いつか来るのではないか」と待っていても、そういう日は、いつまでたっても来ないのです。

一方、調子の悪い日は、待たなくとも、やって来ます。いつでも、毎日でも来ます。「今日は雨だから」「曇《くも》りだから」「風だから」「雪だから」など、調子の悪くなる話や、やる気が出なくなる理由はたくさんあります。

また、勉強する気が起きない理由も数多く出てきます。「学校の先生が気に入らない」というのもありますし、教師の側としては、「生徒が気に入らない」というのもあります。あるいは、「予習が大変だ」「復習が大変だ」「ほかのテストがある」「ほかの作業がある」など、いろいろな言い訳があります。

この世の中には、調子の悪い日が多く、言い訳の立つことがいくらでもあります。仕事でもそうです。言い訳をしようと思えば、山のように出てきます。

ただ、「言い訳を理路整然と上手にできる〝秀才〟をつくるような教育をしては駄目《だめ》だ」ということを述べておきたいのです。このことは、絶対に、心に植え込《こ》んでください。

言い訳をするのは簡単です。また、言い訳をしたくなるような状況は、毎日のように出てきます。

しかし、大事なことは、「どのような状況下にあっても、どのような逆風下にあっても、雪が降ろうが、風が吹《ふ》こうが、雨が降ろうが、花粉が飛ぼうが、そうしたことは言い訳にせず、一歩を進めていく」という努力なのです。

それは、教える側にも教わる側にも言えることです。どんなことも言い訳にせず、一歩を進めていくことです。とにかく、少しでもよいので前進することです。

要するに、言い訳をすることに頭脳を使う人間が数多くできると、この国の富を生産する人がいなくなります。新しい価値を創造し、新しい富を生産する人がいなくなるのです。

したがって、「できない理由」ばかりを考える人を数多くつくっては駄目です。「できない理由」ではなく、「どうすればできるか」を考える人をつくらなければいけないのです。

「できない理由」など、いくらでも挙げられます。五個も十個も二十個も挙げられますが、そのようなものをいくら並べても、この国の富は一つも増えません。

「できない理由」ではなく、

「どうすればできるようになるか」を考える。

企画する能力。

あるいは「企業家精神」。

「責任を取っていこう」とする姿勢。

勇気。

チャレンジする心。

こうした心を持って、大を成していく。

実際に、後進の者のために道を拓《ひら》いていき、人々を幸福に導いていく。

「高貴なる義務」を背負い、「騎士道精神《きしどう》」でもって、世の中の人々の幸福を実現していく。

そういう人を数多くつくっていきたいと私は考えています。

## 未来のために「福」を植えることが教育事業の真意

そのために、私は、あえて非力を顧《かえり》みず、幸福の科学学園をつくりましたし、今後とも充実《じゅうじつ》させていくつもりです。

どうか、私のこうした真意を汲《く》み取って、数多くの方々が応援《おうえん》してくださることを、心よりお願いしたいと思います。

那須《なす》本校については、すでに、数多くの協力をしてくださった方も大勢おられます。本当にありがたいことです。

実際に自分の子供が幸福の科学学園で学んでいないにもかかわらず、他の人の子供のために、いろいろな寄付をしたり、奨学金《しょうがくきん》の基金をつくったりしてくださっている方々に対して、学園生たちは、心から感謝するとともに、「直接、お返しすることはできないかもしれないけれども、世の中のために、未来のこの国のために、未来の世界のために、お返ししていこう」と強く決意しています。

私たちは、そのことをもって、自分たちの幸福と考え、同時に、それが自分たちの「福」を未来のために植えること、つまり、「植福《しょくふく》」であると考えています。

ぜひ、教育事業でも成功したいと思います。どうか、みなさんのご協力をよろしくお願いいいたします。

# 第3章 セルフ・ヘルプと愛国心

二〇一一年二月十三日

東京都・幸福の科学 東京正心館《しょうしんかん》にて

## 1　日本の教育に根本的に欠けているもの

### チュニジアやエジプトの「民衆革命」をどう見るか

二〇一一年には、『救世の法』（幸福の科学出版刊）に引き続き、予定を少し繰《く》り上げて、『教育の法』（同右）も発刊しました。

二〇一〇年に幸福の科学学園中学校・高等学校の那須《なす》本校が開校し、さらに、二〇一三年四月の開校を目指して、関西校を新しく建てようとしているところだったので、「幸福の科学が、教育に関しても一定の考え方を持っている」ということを世に知らしめることが大事だと考え、早めに出すことにしたわけです。

同書を皮切りに、今後、教育に関しても、しだいに幅広《はばひろ》い議論が積み重なっていくと思いますが、まずは、スタート点に近いあたりの議論が出ているのです。教育について、語るべきことは数多くあります。本当に、十時間でも二十時間でも語らなければいけないぐらい、言いたいことはたくさんあるのですが、最初に、国際情勢に関する話題について、少し述べておきましょう。

エジプトでは、この三十年間、ムバラク大統領が独裁していましたが、二〇一一年に入ってから「民衆革命」が起き、数多くの民衆のデモ等を受けて、ムバラク大統領は政権から追い出されました。

これは、すぐ近所のチュニジアで起きた革命が飛び火したものです。チュニジアでは、高い失業率に抗議《こうぎ》する民衆のデモが拡大し、大統領が亡命《ぼうめい》しましたが、それが、次にエジプトに伝播《でんぱ》したのです。

エジプトのほうでも若者の失業率が四割近くあると言われています。「これまでムバラク大統領が三十年も独裁をやってきたけれども、貧しいままで全然よくならない。とりあえず、国のトップをクビにしないかぎりよくならないだろう」ということでデモが起き、軍部も民衆には銃《じゅう》を向けなかったため、革命が成功しました。

そして、「しばらくは軍の最高評議会が全権を掌握《しょうあく》し、現内閣で統治を維持《いじ》しながら次の大統領選に備える」と言っていましたが、その後、二〇一二年に行われた人民議会選挙ではイスラム教系の政党が躍進《やくしん》し、六月には、エジプト初となるイスラム系大統領が就任しました。

このような世界情勢を見るに際しても、基本的に、いろいろな知識を持っていなければ、本当に理解するのは難しいでしょう。

あの動きを見て、「民衆の勝利だ」とか、「インターネットや携帯《けいたい》電話、フェイスブックなどの流行によって、権力者に勝てるようになった」とか、そういう取り上げ方もあろうかとは思います。しかし、私は、それほど単純なものではないと考えており、時代が混沌《こんとん》化していくのを感じています。

## 国を豊かにする根本《こんぽん》は「教育」にある

エジプトに対しては、実は、これまで、アメリカがかなり梃入《てこい》れをしていました。イスラエルがアラブ諸国から攻撃《こうげき》を受けないようにするために、アメリカはエジプト政府にそうとう梃入れをしていたのです。ところが、オバマ大統領は、あっさりと民衆の革命に賛成し、拍手《はくしゅ》を送っていたので、「彼は本当に国際政治を勉強したのだろうか」と、少し心配になりました。

ハーバード大学のレベルを疑うのは私ぐらいかもしれませんが、少し心配です。

以前、アメリカは、イランが強国にならないように牽制《けんせい》するため、イラクに対して経済的にそうとう肩入《かたい》れをし、軍事的にも応援《おうえん》していました。それで、イラクのほうは安心し切っていたわけですが、湾岸《わんがん》戦争（一九九一年）やイラク戦争

（二〇〇三年）など、急にアメリカによるイラク攻撃が始まって、最後は、サダム・フセインが身柄《みがら》を拘束《こうそく》され、死刑《しけい》になりました。

アメリカは、エジプトのムバラク大統領を長らく支援していたのですが、今回、オバマ大統領は、それをあっさりと見放してしまったのです。

今、アメリカという国が、特にオバマ大統領が、親アメリカの国に次々と見放され、かつ、一方では見放しているような状況《じょうきょう》が続いてきつつあるように感じられてなりません。

日本の沖縄《おきなわ》を見ても、同じようなことが起きています。こういう状況を見るにつけ、「地球レベルの警察官」としてのアメリカの統治能力が全体的に衰退《すいたい》に入っているという感じを私は受けています。

エジプトでは、「暫定的《ざんてい》に軍が治める」と言っていましたが、エジプトの国民の不満は経済問題が中心であったようなので、案《あん》の定《じょう》、あまりうまくいきませんでした。経済問題の解決というのは、実は軍部がいちばん苦手とするものです。軍は統制経済しかできないからです。

やはり、経済的な成功を収めていくための根本《こんぽん》は、「教育」です。教育のところがしっかりしていなければ、国が豊かになることはありません。

多くの職をつくり、いろいろな会社で働ける人をつくり、新しい企業《きぎょう》をつくっていくためには、やはり、教育の充実《じゅうじつ》が大事なのです。

国として、そういう体制をつくることは必要ですが、何よりも、「国民自身の向上心、学問への情熱が、各人の人生の未来を開き、国の未来を開いていく」ということに対する確信がなければ、国がよくなっていくことはありません。

この点を見落としたならば、エジプトも、あるいは、これから革命の連鎖《れんさ》が起きてくるであろう他の国々も、脱出口《だっしゅつこう》の見えない混沌状態に陥《おちい》り、世界的に不透《ふとう》明《めい》な不況感が漂《ただよ》ってくるでしょう。そういう可能性が出てきたように、私には見えます。

## 「アメリカの衰退《すいたい》」とともに高まる軍事的な危機

また、政治的にも、「イスラエル消滅《しょうめつ》の危機が出てきた」というのが、私の正直な感想です。今、イランが核《かく》武装化を進めていますが、次に、サウジアラビアやエジプトが核武装をするであろうことは、だいたい読めています。

そうすると、「エジプトで親アメリカ政権が倒《たお》れた」ということは、「この『イスラム教国の三角形』でイスラエルを囲み、包囲殲滅戦《せんめつせん》が起きる可能性が高まった」と言えるのです。革命時点で、エジプトの軍部は、「イスラエルとの国際条約を守る」と言っていましたが、その傾向性《けいこうせい》から見て、私は、「イスラエルとの最終戦争が起きる可能性が少し高まった」という情勢判断をしています。

この点に関して、オバマ大統領は、やはり分析《ぶんせき》が甘《あま》いと思います。彼には、イスラム圏《けん》に対してかなり甘いところがあるのですが、アメリカ自体の衰退《すいたい》傾向についての認識も少し甘いように感じます。

一方、日本を振《ふ》り返ってみれば、二〇〇九年以降、沖縄の住民を中心に、米軍の退潮、撤退《てったい》の方向への運動が行われています。当時の日本政府が左翼《さよく》系の政権であったことも影響《えいきょう》しているとは思いますが、「自衛隊が、沖縄のほうに目を光らせ、部隊を移動しなければいけない」という状況が出てきました。

そうした状況のなかで、二〇一〇年十一月、当時のロシア大統領であるメドベージェフ氏が、大統領任期中に北方領土を直々《じきじき》に訪れ、その後、北方領土の防衛のために揚陸艦《ようりくかん》を二隻《せき》配備することを決めました（二〇一二年七月には首相として再訪）。揚陸艦というのは、攻撃用ヘリコプターや兵隊を乗せて上陸させるための船なので、「北方領土近海に揚陸艦が二隻来る」ということは、「北海道に上陸軍を送れる」ということを意味しています。

ただ、私は、それが直《ただ》ちに日本への脅威《きょうい》になるとは思いません。おそらく、メドベージェフ氏は、「今後も大統領を続けていきたい」という意思表示をしていたのだと思われます。

当時、プーチン大統領が、任期切れのためにいったん首相に降りていましたが、ロシアの実質上のナンバーワンはプーチン氏です。そこで、「プーチンの大統領復活を抑《おさ》えて、自分が大統領を続けたい」ということを、ロシアの国民やマスコミ、軍部に対してPRしていたのでしょう。

私はそのように認識しているので、あまり本気に捉《とら》えすぎてはいけないとは思いますが、一方では、「日本の自衛隊の意識がほとんど西の守りのほうへ行っているときに、北のほうで動きを起こされる」というのは、日本の政権がかなりなめられていることを意味します。

## 「軍事に関する教養」は知識人の条件

そのように、日本がなめられる根源は何なのでしょうか。

日本の政治家には、立派な学歴を持っている人が多く、一流大学を出ていたり、海外に留学した経験があったりする人が多いのですが、根本的に欠けているものが一つあります。それは、軍事に関する教養の欠如《けつじょ》です。これは日本の政治家全《ぜん》般《ぱん》に言えることです。

欧米《おうべい》の知識人というのは、必ず、軍事に関する教養を持っています。それは知識人の条件の一つなのですが、ほとんどの日本人は持っていません。日本の一流大学は、軍事関係の知識を全然持っていなくても卒業できてしまうのです。

したがって、日本の政治家は軍事を知らないことが多いのです。「それが知識人に必要な教養の一つだ」ということが分からないままで、政治家をしていることが多いのです。

日本では、アメリカが終戦直後につくった平和政策が今まで続いてきているわけですが、それは、日本軍が再起できないようにするために立てた政策です。そのため、「大事なもの」が見失われているのではないかと私は思います。

国際政治を分析するためには、軍事的な部分を見なければ本当は分からないのですが、それを教えてくれるところはあまりありません。やはり、個人的に努力して勉強しないかぎり身につかないのです。

そういうことを少し考えておかなければいけません。平和ボケをして、平和教育をやりすぎた結果、本当の知識人の条件の一部分が欠けているわけです。

なぜ、軍事の知識が必要なのかというと、それは、エリートたちには国民を守る義務があるからです。「国民の生命、安全、財産」等を守るためには、あらゆることに対して事前に対応を考えておかなければなりません。そのための基礎《きそ》知識が要《い》るのです。

私は別に浄土真宗《じょうどしんしゅう》系を非難するつもりではありませんが、日本人の多くには、「〝平和のお念仏《ねんぶつ》〟を称《とな》えていれば平和が実現する」と思っているようなところがあり、その現実認識のなさを見ると、「非常に甘い」という感じがします。

とにかく、自分の国のことばかり考えていては駄目《だめ》なのです。日本のマスコミも、ほとんど自分の国を中心に考えていて、その国際感覚の鈍《にぶ》さには、どうしようもないものがあります。

日本のマスコミで記事を書いている人たちも、軍事的な知識を教養として持っていません。正規の教育では教わっておらず、知識が欠けているため、国際政治を分析できないのです。

一方、私自身は大学で国際政治を勉強しましたし、軍事的なことについても、個人的に勉強しているので分かるのですが、マスコミはそのあたりの勉強ができていませんし、国民のほうも、その方面の〝アンテナ〟をまったく持っていないような状況です。

そのため、日本の国の将来には、極《きわ》めて厳しいものがあると思います。

## 2　戦後日本の発展を支えてきた「教育の力」

### バブル崩壊《ほうかい》後、「成功への道筋」を見失った日本

『教育の法』には、いじめ問題等に関して、「正義が支配する学校にしなければいけない」ということが書いてあります。こういう問題についても、もう少し国際的な視野を持ち、歴史上の軍事的な問題などをきちんと分析《ぶんせき》して理解していると、縮図として見えてくるものはそうとうあるでしょう。

「正義とは何か」ということについて、戦後の日本では、ほとんどの場合、「多数決で決めたことが正義だ」と考えているようなところがありますが、そうではないことがあるのです。それを知らなくてはいけません。

とにかく、現状に満足してはいけないと思います。今の日本の問題は、一九九〇年あたりを境に、政府あるいは官僚《かんりょう》主導で「バブル崩壊《ほうかい》」と言われる事態が起きて以降、自信を失い、国の目指すべき方向が見えなくなっていることにあると思うのです。

それまでは、やるべきことがはっきり見えていました。「勉強がよくできて、高い学歴があれば、よい会社に入れて、成功できる」という道筋が見えていたのですが、その道筋が見えなくなってきたことが、とても大きいのだと思います。

それで、「ゆとり教育」に入り、いっそう停滞《ていたい》して、いろいろな国にどんどん追いつかれ、追い越《こ》されようとしています。

このあたりについての認識は、極《きわ》めて甘《あま》かったと思います。戦後の日本の強い国際競争力は、実は教育に支えられていたのです。教育力によって日本は成長したのですが、それが他の国に負けてきていることについての認識がとても甘く、「もうすでに坂の上まで登り切った」と思って油断していたのです。

例えば、「バブル崩壊」と言われる時期の直前の一九八九年ごろには、評論家や、週刊誌などのマスコミは、しきりに「リゾート・アンド・リサーチ」と言っていました。これは、「地方の活性化は、リゾート開発や、研究施設《しせつ》の誘致《ゆうち》にかかっている」ということですが、要するに、「もう十分に儲《もう》けたし、十分に目標を達成したから、働くのをやめて、もう少しリッチな生活に入ろう」というようなことを彼らは主張していたわけです。

当時、ソニーの共同創業者の盛田《もりた》氏も、「日本人は働きすぎだから、もう少し遊ばなければいけない」などと言っていたのを覚えていますが、その直後に経済の崩壊がやってきたのです。

つくづく脇《わき》が甘かったと思います。やはり、もう一段上の目標を考えるべきでした。

日本では、その後、二十年以上、ずっと停滞している感じが漂《ただよ》っていますが、気をつけないと、さらにもう一段、昔に戻《もど》ってしまうかもしれません。現在、そういう局面に来ている感じがしてしかたがないのです。

ここを、もう一回、見据《みす》えなければいけないでしょう。

## 戦後の日本は、努力によって「貧しさ」から抜《ぬ》け出した

日本は、そんなに昔から、これほど近代化した高度社会であったわけでは決してなく、戦後、自らの力で、ここまで立ち直ってきました。

ちなみに、私も映画をつくっている関係上、特に二〇一二年公開の七作目「フ

ァイナル・ジャッジメント」が実写映画だったため、他の映画や俳優の演技などをだいぶ研究していたのですが、いろいろな映画を観《み》るにつけても、感じることはずいぶんあります。

例えば、私の子供時代に流行《はや》った漫画《まんが》の「あしたのジョー」が、最近、実写映画化されました。いわゆるドヤ街から出てくる天才ボクサーの物語です。「ドヤ」というのは「宿」の逆《さか》さ言葉で、一般《いっぱん》の宿とは違《ちが》う簡易宿所をドヤと呼ぶようです。もちろん、映画用のセットなのでしょうが、戦後の焼け跡《あと》のバラック街、ドヤ街の様子が描《えが》かれていました。

そのような貧しい境遇《きょうぐう》から世に出てくる方法としては、スポーツなどの才能の領域で頭角を現すか、あるいは、勉強ができてよい大学に入って認められていくか、そのくらいしかありませんでした。そういうところが実によく描かれていると思いました。

また、少し前に流行った映画に、インドのムンバイのスラム街を舞台《ぶたい》とした「スラムドッグ$ミリオネア」というものがありましたが、「そういうスラム街やドヤ街のようなところから、どのようにして抜《ぬ》け出すか」というのは、非常に大きな課題だったと思うのです。

「あしたのジョー」を観ても、そのドヤ街からどうやって抜け出すかが一つテーマになっていました。やはり、「日本も、昔はこんなに貧しかったのだ。発展途上《とじょう》国の貧民窟《ひんみんくつ》に近いような状況《じょうきょう》から抜け出す努力をし、今のようなレベルまで来たのだ」ということを知らなければいけません。

二〇〇九年の政権交代以降、バブル崩壊以前の、さらに、もう一つ前の時代まで戻っていく振《ふ》り子が働こうとしていたので、何とか踏《ふ》みとどまらなければならない状況でした。

特に、民主党の二人目の首相の頭のなかには、どうも、そういう年代まで戻っていくような思想があったようです。要するに、「昔のドヤ街のような貧民街がある時代まで戻せば、自分にもやれる仕事がある」ということだったのでしょう。それは、「炊《た》き出し」や「配給」など、政府の援助《えんじょ》物資等を配るような仕事です。「その年代まで戻せば、自分のやれる仕事があるけれども、高度化した時代には、やれる仕事がない」という人が、日本のトップに立っていたわけです。したがって、「気をつけないと、もう一回、そこまで戻りますよ」と、私は強く申し上げたのです。

## 俳優の演技など、学問以外の世界でも「勉強の効果」は大きい

『教育の法』に書いてあるように、基本的に、一般的な学問をいろいろやっていくことが、さまざまな職業に就《つ》いて成功していくための道だと思いますが、「実は、それ以外の世界においても、勉強は大いに効くものなのだ」ということ

を、私は言っておきたいのです。

今、わざわざ「あしたのジョー」を例に出しましたが、映画「あしたのジョー」のトレーナー役で、「立て！　立つんだ！　ジョー！」と言っているのは、香川照之《かがわてるゆき》という俳優です。彼は、少し前に、司馬遼太郎《しばりょうたろう》原作のテレビドラマ「坂の上の雲」で正岡子規《まさおかしき》の役をやり、大河ドラマ「龍馬伝《りょうまでん》」で岩崎弥太郎《いわさきやたろう》の役をやっていました。

その人が、今度は、ドヤ街のおっさんになり、少年院帰りの少年に、「パンチは、こう打つんだ」と言って、スパーリングの相手をしていました。

私は、その映画を観ていて、「これは香川照之かな。それとも別人かな」と思ったのですが、最後の字幕を見たら彼の名前が出ていたので、「やはり、そうだったのか」と思いました。そのくらい、演技の変わり方がすごいのです。

正岡子規をやり、岩崎弥太郎をやり、「あしたのジョー」のドヤ街のジムのコーチをやり、それから「ＳＰ」という映画では政府の幹事長の役をやり、最近のテレビドラマでは、犯罪者として追われている医者の役をやっています。

そのように、何でもやるので、あまりの芸の幅広《はばひろ》さに驚《おどろ》きます。彼は東大出身（文学部）で、私の何年か後輩《こうはい》に当たるのですが、これは、そうとう勉強していなければできないことです。

時代劇であろうと、何であろうと、いろいろなことについて知識や関心を持っていなければ、よい演技はできません。経験も要《い》りますし、知識も要りますし、それと同時に、人間観察力も必要です。いろいろな職業の人間を、じっと観察する力がないと駄目《だめ》であり、実は、それも勉強のうちなのです。

当会も、スターを輩出していこうとして、スター養成部をつくり、また、二〇一一年には、芸能プロダクションもつくったところです。「勉強以外の分野でも頑張《がんば》っていってほしい」と思っているのですが、そちらの道でも、違う意味での勉強が必要です。少なくとも、いろいろな小説を読んだり、社会経験を積んだりして、人間観察をすることが大事なのです。

大活躍《だいかつやく》をしている人は「知識・経験・人間学」が非常に深い

映画俳優のなかには、子役として世界的に有名になったものの、大人になってピタッと人気が止まる人がたくさんいます。

例えば、「ホーム・アローン」という映画に出ていた子供は、天才子役として有名でしたが、二十代になってからは、麻薬《まやく》などで捕《つか》まって刑務所《けいむしょ》行きになったりして、なかなかうまくいかなかったようです。

要するに、あまりにも早く脚光《きゃっこう》を浴びたけれども、その後が続かなかったわけです。おそらく、その後に勉強をしたり、経験を積んだりしなかったため、役者として伸《の》びなかったのでしょう。

あるいは、ずっと昔に「スーパーマン」の役をやった俳優は、スーパーマンで有名になりすぎたため、ほかの役がほとんどできなくなってしまいました。その後、事故に遭《あ》って体が不自由になり、しばらくして亡《な》くなりましたが、地顔《じがお》が知られすぎて、ほかの役に出られなくなってしまったのです。

現在では、「ハリー・ポッター」の役をしている人が、「ハリー・ポッター」シリーズが終わったあと、次の仕事で成功できるかどうか、私は注目して見ているところです。「あまりにも役のイメージが強すぎて、ほかの役ができないのではないか」と思っているのですが、ほかの役ができたら大したものだと思います。

そのように、幾《いく》つもの役を演じ分けるには、そうとうな勉強や経験、あるいは人間観察力が要るのです。

あるいは、最近では、菅野美穂《かんのみほ》という女優が、「ジーン・ワルツ」という映画に出ていて、ときどき人間的な面も見せるけれども、とても理性的な産婦人科医を演じていました。

その少し前に、あるテレビ番組を観ていたら、彼女がテレビコマーシャルの撮影《さつえい》をするドキュメンタリーをやっていました。一日六時間かけて「クリープ」のコマーシャルをつくっていたのですが、いかにも懐《なつ》かしい恋人《こいびと》のような感じで、「コーヒーとクリープは、もう別れられない恋人よ」というような歌を一生懸命《いっしょうけんめい》に歌いながらやっていました。

その姿を見ていたため、「ジーン・ワルツ」で、非常に理性的な産婦人科医を見事に演じ切っているのを見て、「やはり、俳優とはすごいものだな」と、つくづく思いました。よく勉強しています。

彼女は、インドが好きで、インド旅行のドキュメンタリーなどもつくっていますが、なかなか深いものを持っているのでしょう。

また、前述した映画「ファイナル・ジャッジメント」の監督《かんとく》の作品に、「あかね空」という映画があります。それは江戸《えど》時代の豆腐屋《とうふや》が主人公の映画ですが、その豆腐屋を演じた同じ人が、以前流行った「JIN-仁《じん》-」というテレビドラマに坂本龍馬役で出ていました。そのドラマは、「脳外科《げか》医が江戸時代にタイムスリップして治療《ちりょう》を行う」というものですが、「あかね空」の豆腐屋と、その坂本龍馬が同じ人だとは、なかなか分かりませんでした。

よく見ると、両方とも、京都の撮影所の同じ太鼓橋《たいこばし》を使っているのですが、同じ人物が演じていたとは、すぐには分からなかったので、「よく演じ分けるものだな」と思いました。

やはり、知識も経験も人間学も、そうとう深い感じを受けます。「あかね空」では、京都の豆腐と江戸の豆腐をつくり分けていましたが、私は、京都の豆腐と東京の豆腐のつくり方の違いを実際に知っている者の一人として、「よく、あそこまで分かっているな」と感心しました。

そのように、一般的に、学問とは異なる「才能の領域」と思われているものであっても、さまざまな勉強や経験が必要な時代に入っているのです。

したがって、「いろいろなところで活躍《かつやく》している人は、人知れず、陰《かげ》でものすごい努力をしているのだ」ということを知っていただきたいと思います。

## 3　教育のバックグラウンドにある宗教的価値観

### 社会人になっても学び続けるための基礎《きそ》づくりを

以上を踏《ふ》まえた上で、「今後の日本の処方箋《しょほうせん》は、いったい何であるか」ということを考えてみましょう。

確かに、経済的にも、軍事的にも、科学的にも、いろいろな面で日本よりも進んだモデルとして、「アメリカモデル」というものが一つあります。

しかし、日本は平等社会を中心に発展してきているため、あそこまで極端《きょくたん》なところまでは行けないことが、壁《かべ》として出てきているのだと思います。

つまり、今、「日本モデルのなかで、どこまで独自性を伸《の》ばしていけるか」ということを考えなければいけないところに来ているのです。最終的なかたちはまだ見えないにせよ、どの領域においても、「創意工夫《くふう》、努力の積み重ねによって道が開けていく」ということは間違《まちが》いありません。

例えば、役者一つをとってみても、「その人が、どれだけ幅広《はばひろ》い知識や教養を持っているか、あるいは経験を持っているか」によって、演じられる役の幅が決まってきます。同じように、歌を歌っても、やはり人生経験が影響《えいきょう》してきますし、小説を書く場合も、人生経験や、数多くの小説を読んでいることなどが大事になります。

　したがって、今までの学校教育そのものが間違っていたわけではないのですが、私たちは、さらにもう一段、先へ行かなければいけません。つまり、今、学校を出て社会人になっても、さらに学び続けることができるような基礎《きそ》をつくらなければいけない時代に入っているのです。

　子供時代に学べることには限界があるので、ある程度、共通項《こう》のあるようなもののしか勉強できませんが、その後、いろいろな専門領域に進んでいったときに、各人が自分で勉強を続けていけるような基礎をつくってあげることが、教育においては非常に大事なのです。

## 「新しい問題に価値判断を加えること」が宗教の使命

　また、自分が向かっていこうとしている領域以外について知識を持っているかどうかも、大きな問題です。

例えば、前節で「ジーン・ワルツ」という映画の話をしましたが、今、医者のほうも、「人工授精による『代理母出産』が倫理的《りんり》に許されるのかどうか」という問題に直面しているわけです。学会などで、それを認めるとか認めないとか言っていますが、「本当の正義はどこにあるのか」を問われているのです。これは、過去には事例がない問題です。

私は、そういう問題について、「やはり、宗教として解答を出していかなければならない」と感じています。

つまり、宗教には、科学が行き詰《づ》まっているところに関して、「それは善いのか、悪いのか」という価値判断を加える仕事があると思います。

そういう新しい領域についても意見を言える宗教が、今、必要とされているのです。二千年前や三千年前の宗教では、答えを出せるはずがありません。

もちろん、そのような古い宗教を守っている人たちも、立派な仕事をされてい

ると は思います。ただ、古い『聖書』や『仏典《ぶってん》』をいくら読んでも、新しい問題についての答えは何も載《の》っていません。やはり、「現代の問題に、どう答えるか」ということが、現に今、生きている宗教としての使命だと思うのです。

したがって、宗教家も勉強し続けなければいけません。例えば、私が『教育の法』という本を一冊書くにあたっても、教育に関する文献《ぶんけん》をそうとう読んで、教育学についての勉強をしていなければならないのは当然ですし、同書を読めば分かるように、英語についても、私が英語学を教えられるぐらいの勉強をしていることは明らかです。

あるいは、同書の巻末に紹介《しょうかい》されている幸福の科学グループの活動等を見れば、私の勉強している経営学が、そうとう役に立っていることは明らかでしょう。

## 法哲学《ほうてつがく》の奥《おく》にあるものは「神の正義」

さらに、私は、政治に関しても、国際政治について分析《ぶんせき》するだけの力を持っています。分析力としては、現職の政治家よりもそうとう鋭《するど》く、かなり深いところまで見ることができるのです。

例えば、二〇一一年二月十一日の建国記念日には、産経新聞に「憲法九条」の解釈《かいしゃく》に関する大きな意見広告を載せました。万一《まんいつ》、他国から侵略《しんりゃく》を受けたときに、当時の政府では、おそらく機能不全でどうしようもなくなると思ったからです。

その意見広告で打ち出した考え方は、「憲法の変遷《へんせん》」といわれるもので、「憲法をつくったときの環境《かんきょう》が時代とともに変わってきた場合、それに合わせて憲法が規定する内容も変わる」というものです。

つまり、日本国憲法は、その前文に照らせば、日本が「平和を愛する諸国民」

に囲まれていることを前提につくられたものであるので、その後、必ずしも平和を愛する国民ばかりではない国に囲まれる時代になったら、当然、憲法も変わっていかなければならないわけです。

本来、憲法というのは、「国民の生命・安全・財産」等を守るためにあるものです。つまり、国を潰《つぶ》してしまうような憲法なら要《い》りません。当然ながら、憲法は生きていなければならないので、そこに「憲法の変遷」という考え方が出てきて、一定の解釈を加えていくことになるわけです。

したがって、憲法制定時には想定していなかったような侵略国家が出てきた場合、「憲法九条は、日本が侵略国家になることは、当然、認めていないけれども、国民を守ることを禁じているわけではない。前文に照らして、九条は、そのように解釈すべきである」という政府の統一解釈を降ろせば、自衛隊も動けるようになるのです。

当時のような政府が続くと、万一のときには国民が非常な危険にさらされるので、宗教家のほうから憲法解釈についての意見を述べたわけです。憲法学者で、こういうことを言える人など、まず一人もいません。

なぜ言えないかというと、法律の勉強をしている人はたくさんいるでしょうが、法律の奥《おく》にある法哲学《ほうてつがく》の、さらにその奥にあるものを知らないからです。それは「神の正義」なのです。

「『神の正義』に照らして、国際間の正義をどう考えるか」ということについて意見を言える人が、それほどいるわけはありません。私は、そちらのほうから攻《せ》めたわけであり、宗教家として言うべきことを言ったのです。

## 今の日本に必要なのは「セルフ・ヘルプ精神」の復活

教育改革についても、私は宗教家として言うべきことを言っており、『教育の法』のなかには、「学校の現状は、ここまでひどいのか」という、生《なま》の情報がそうとう入っています。学校が一種の完全な自治区になっていて、外部からは手が出せない状態になっているのです。

例えば、同書には、「いじめによって自殺した子がいても、それを、完全犯罪、密室犯罪のように、完全に隠蔽《いんぺい》できる組織が出来上がっている」と書いてありますが、そういう組織が全国にあるわけです。

学校に子供を預けている親御《おやご》さんとしては大変なことでしょうが、子供自身も、十数年もの長い間、そういう環境のなかで教育を受けていると、そうとう影響は出てきます。

したがって、「学校の先生は、単なる技術者であってはいけない」と私は思います。やはり、総合学としての人間学を身につけなければいけませんし、その意味では、幅広いバックグラウンドを持った宗教的価値観を身につけておくことが非常に大事だと思うのです。

とにかく、そういう先生が必要です。

また、今の子供たちに必要なのは、「セルフ・ヘルプの精神」です。

現在、「バブルが崩壊《ほうかい》し、ほかの国にも抜《ぬ》かれて……」というように、日本が弱ってきている状況《じょうきょう》ですが、やはり、ここでもう一度、自助論、すなわち「セルフ・ヘルプの精神」を復活させなければいけません。

「あしたのジョー」で出てきた、「あしたのために、その一、その二、その三」ではありませんが、「ドヤ街にかかる泪橋《なみだばし》を逆に渡《わた》るんだ！」という気持ちが、今、必要です。ノックアウトされて伸びてしまっては駄目《だめ》なのです。「立て！立つんだ！　立って戦え！」ということを、今、言わなければいけないのです。

例えば、英語力だけを見ても、すでに、バブル崩壊前夜のころから、日本は中国や韓国《かんこく》に負けています。海外留学をしようとする人向けにＴＯＥＦＬ《トーフル》という試験がありますが、その国際順位を見ると、日本は中国や韓国よりも下です。もう二十年も前から抜かれているのです。

これは、やはり、もう一段、頑張《がんば》って巻き返さなければいけません。それは、先生も生徒も同じです。

アメリカの仮想敵国になっている中国のような国でも、日本以上に英語を勉強していて、よくできる人はアメリカに留学しています。向こうは、アメリカの兵法を学んできて、それを十分に活用しているわけですが、アメリカの友好国である日本のほうが遅《おく》れているのでは話になりません。

したがって、今、もう一段、活を入れなければいけないと思うのです。

## 4　愛国心こそが国を発展させる

### 高校時代には英字新聞が読めなかった私

学校の勉強は本当に難しいと思うので、やはり、子供たちに、やる気を出させることがとても大事だと思います。

『教育の法』のなかには、「私が高校二年生のときに、少し難しめの参考書に手を出して、かえって英語ができなくなった」という恥《は》ずかしい話も少し書いてあります。それを読んで安心する人もいるだろうと思って、慈悲《じひ》の心で入れておきました。

誰《だれ》でも、自分が「できた話」はしますが、「できなかった話」はめったにしないものです。外国語などはできないのが普通《ふつう》なので、「できないのは当たり前だ」ということで、なかなか書いてくれませんが、たまにはそういう話もしなければいけないと思って書いているわけです。

また、同書の「あとがき」には、「高校三年生の時、郷里《きょうり》の人口八千人の川島《かわしま》町《ちょう》で、英字新聞を取っているのは私一人だけだった」と書いてあります。

それだけであれば、「おお！　すごいな」と思うでしょうが、そのあとには、「私一人のために、隣町《となりまち》の鴨島町《かもじまちょう》の新聞配達少年は、毎朝一時間、丸一年間早起きしなくてはならなくなった」と書いてあります。当時、新聞販売《はんばい》所の人も、「一軒《いっけん》だけのために隣町まで配達するなど、採算は取れませんが、しかたがありません。もう、やるしかありません」と言っていました。

新聞配達の少年は、朝、私が通学する汽車の時間に間に合うように、わざわざ隣町まで自転車に乗って英字新聞を届けに来たのです。

そのように、涙《なみだ》ぐましいほど頑張《がんば》って届けてくれていたので、私も、「要《い》らない」とは言えません。「せっかく届けてくれたのに、読まなかったら申し訳ない」と思ったので、私は朝の列車のなかで英字新聞を読んでいました。

しかし、はっきり言って、涙が出るほど難しかったのです。高校三年生の英語力では、やはり分かりませんでした。明らかに単語の量が足りなかったのです。

そのことは大学生になってから分かりましたが、やはり、日本語の新聞で、政治・経済面や国際面をすらすらと全部読めるようでなければ、そもそも話になりません。日本語の新聞を読んでも分からないレベルでは、英字紙を読んでも分かるはずがないのです。辞書を引きながら読んでいたら、全然、進みません。

そのため、最後は、もう涙、涙で、泣きながら読んでいました。向こうは、毎日、一時間早く起きて届けにくるので、こちらは脅迫《きょうはく》されているような感じです。

それで、「読まなければいけない」と思って頑張って読んでいましたが、やはり分かりませんでした。

数万語レベルの語彙《ごい》がなければ英文週刊誌等は読めない

私は、そのほかに、『タイム』や『ニューズウィーク』などの英文週刊誌も取っていました。当時はまだ、日本では販売されていなくて、二つ折りにして航空便でアメリカから送られてきていたのですが、それらも難しくて読めないため、たまっていくのです。しだいにうず高くたまっていく罪悪感との戦いは厳しいものでした。

宛先《あてさき》が書かれた帯の部分をビリッと破って読むのですが、二冊、三冊と、だんだんたまってくると、その帯を破る勇気がなかなか湧《わ》いてこないのです。

そういう英文週刊誌も、やはり語彙《ごい》のレベルが違《ちが》うので、内容的に難しいのです。大学受験では一万語を要求されることはありませんが、あのような欧米《おうべい》の知識人が読むような雑誌は、だいたい十万語ぐらいのレベルなので、普通は歯が立ちません。大学の先生でも、自分の専門ジャンルの部分が読めればよいぐらいで、ほかの記事は読めないのが普通です。

当時の私は、「そこまで学力の差がある」ということを知りませんでした。日本では、難関大学でも、せいぜい七、八千語も単語を知っていれば、かなりのトップクラスまで行きますし、英語を教えている人でも、一万二千語から一万五千語ぐらいしか単語を知らないのが普通です。学校の先生や、塾《じゅく》や予備校の先生でも、そのくらいのレベルなので、彼らも本当は読めないはずなのです。

そのため、学生あたりではとても届かないのですが、この語彙の不足を克服《こくふく》するには、単語を一つ一つ増やしていく以外に方法がありません。「あしたのジョー」で言えば、「泪橋《なみだばし》を逆に渡《わた》るためには、ジャブの練習から始めなければ駄目《だめ》だ」ということです。

今、私は英単熟語集などをたくさんつくっていますが、周りからは、「先生、もう覚えられないので、これ以上つくらないでください。もう結構です」と言われています（二〇〇九年からの四年間で、英語テキストを約百二十冊刊行）。

しかし、私は、「いや、これをやらないかぎり、絶対に、英字新聞も読めなければ、英文週刊誌も読めないし、英語のニュースも聴《き》けるようにはならないのだ」と言い、嫌《いや》がっても、無理やり口を開けさせて突《つ》っ込《こ》もうとして、続々とテキストを書いているのです。

とにかく、数万語のレベルまでは行かないと、ある程度、読めるようにはなりません。学校教育のレベルでは、どうしてもそこまで行かないので、私はテキストをつくり続けているわけです。

どの分野においても、「極《きわ》める」というのは、本当に大変なことだと思います。悔《くや》しさや劣等感《れっとうかん》も大きいかもしれませんが、やはり、それに負けてしまうのではなく、そのなかから「何か」をつかみとって、ぜひとも新しい道を拓《ひら》いてほしいと思います。

## 戦後教育最大の間違《まちが》いは「愛国心」を消したこと

本章のテーマは、「セルフ・ヘルプと愛国心」ですが、やはり、戦後教育の最大の間違《まちが》いは、愛国心を完全に消してしまい、「戦前の日本は、全部、駄目だった」というような価値観を植えつけたところでしょう。

しかし、今の韓国《かんこく》を見ると、愛国心の教え方は戦前の日本と同じです。戦前の日本は、あのような教え方をしていました。

また、最近の中国は、戦争中の日本とだいたい同じような愛国心の教え方をしています。戦争中の日本では、「鬼畜米英《きちくべいえい》」と言って、「敵国であるアメリカやイギリスは、鬼《おに》や畜生《ちくしょう》だ」という教育をしていましたが、中国では、そのくらいの愛国心をきちんと教えています。

そのような状況《じょうきょう》のなかで、日本が行っている平和教育は、そうとうボケた教育だと言わざるをえません。

基本的に、「国をよくすることは、よいことなのだ」という考え方を押《お》さえておかないと、子供たちの勉強においても、「正当に努力していくことを認めるのが、正しい社会なのだ」というところにつながっていかないのです。

まずは、自分たちの国を理想的なものにしていくことです。そして、次に、「国のトップリーダーたちが、どう判断して世界のなかでうまく戦っていくか。うまく乗り渡っていくか。あるいは世界をリードしていくか。また、世界に通用する人材をつくり出していけるか」ということが大事です。

今、日本では、あらゆる分野において、世界レベルまで届かない人材しかつくれないような状況です。ノーベル賞を受賞した人は、そのほとんどが、アメリカに行って、向こうで何十年も研究したような人ばかりです。

また、宇宙ロケットの分野でも、日本の宇宙飛行士は、アメリカやロシアで宇宙船に乗せてもらっています。そのように、「よその国に行って乗せてもらう」というのは情けない話であり、ここは、やはり頑張らなければいけません。何とかして戦後教育の呪縛《じゅばく》を解いていかなければならないと思います。

愛国心というのは、国を発展させる大きな力になります。先の民主党政権は、バラマキ政策を中心に、「大きな政府」を目指していましたが、それだけでは、国が下《くだ》っていくことになるでしょう。やはり、富を生産していく人、新しい価値を創造していく人をつくらなければいけません。

そのためには、国を愛していなければならないし、「国を愛して立派にしていくことは、よいことだ」と考えて努力することを認めなければいけないのです。

## 未来のリーダー輩出《はいしゅつ》のために、もう一段の教育の充実《じゅうじつ》を

『教育の法』には、東京大学の没落《ぼつらく》についても書いてありますが、本当は、東京大学が駄目になったのではなく、「今以上のレベルにならなければいけない」ということだと思うのです。今のままでは、もう駄目なので、もう一段、新しいイノベーションを起こしたり、あるいは起業家になるような教育を継《つ》ぎ足したりしていかなければならないわけです。

今までの教育を否定するのではなく、さらに、プラスアルファを目指していかなければ、未来のリーダーにはなっていけないと思います。その意味で、同書は、非常に大事なことを教えているのです。

今、他国から、外交面でそうとう揺《ゆ》さぶられていますが、そのほとんどは、政治家に教養が足りないために起きていることです。歴史や世界情勢など、いろい

ろなことについての教養が足りず、判断がつかないために起きていることなので、もう一段の教育の充実《じゅうじつ》が必要だと思います。

「世界をリードするような人材を、日本から数多く輩出《はいしゅつ》していきたい」――。

そう強く願ってやみません。

# 第4章

# 宗教教育はなぜ大切か

二〇一一年七月三日

滋賀《しが》県・幸福の科学 琵琶湖正心館《びわこしょうしんかん》にて

## 1　歴史的に見た「宗教と教育の関係」

### 「宗教教育」は、今の日本にとって難しいテーマの一つ

本章のテーマは、「宗教教育はなぜ大切か」です。

これは、「分かる人には、言わなくても分かるが、分からない人には、延々と言っても分からない」という非常に難しいテーマです。おそらく、分かる人にとっては、説明がなくても、テーマを聞いただけで、一秒で分かるでしょう。しかし、分からない人には、何日、話をしても分からないテーマです。今の日本にとっては、それほど難しいテーマの一つであると思います。

それは、根本的に、宗教的なるものに対して、「本心から『善なるもの』と考

えているか。それとも、『悪なるもの』と考えているか」ということにもよります。それによって、結論は正反対に分かれていくのです。

## 儒教《じゅきょう》や仏教に見る「宗教と教育」の深い結びつき

ただ、歴史的に見ると、「宗教」と「教育」には、非常に深い結びつきがあります。

例えば、純粋《じゅんすい》に「宗教」といえるかどうかは分かりませんが、隣《となり》の中国では、孔子《こうし》や孟子《もうし》等が説いた「儒教《じゅきょう》」が、宗教に代わるものとして、人間の生き方を教えていました。そしてまた、儒教が国家の官吏《かんり》登用試験にもなる制度、すなわち、「科挙《かきょ》」が長らく続いていました。儒教は、千年、二千年にわたって、「人材登用の基準」として使われていたのです。

このように、「『宗教』であると同時に、それが『教育』でもあり、『出世への道』でもある」という時代があったわけです。

日本においても、仏教や儒教等は、やはり、学問の代わりとして、長らく栄えていました。

今、京都や奈良《なら》には、数百年から千数百年も前に建立《こんりゅう》された古いお寺がたくさんありますが、それらは、普段《ふだん》、街で見かけるようなお寺とは違《ちが》い、昔の「大学」に相当するお寺なのです。

京都や奈良にある数多くのお寺は、「大学」であり、最高の学問を修めるところでした。そして、そこで勉強し、お経《きょう》を読み、修行《しゅぎょう》をした方々が、その学徳をもって、人々を導いていたのです。昔の僧侶《そうりょ》は、仏教と同時に、人々に学問も教えていたわけです。

つまり、「仏教は、伝統的に、他の先進国（当時はインドや中国）の新しい学問をも併《あわ》せ持つ宗教だった」ということです。そういうものを学ぶために、命《いのち》懸《が》けで嵐《あらし》の海を渡《わた》って唐《とう》や宋《そう》の国に入り（入唐求法《にっとうぐほう》・入宋求法《にっそうぐほう》）、勉強してきた方々が大勢いるわけです。平安時代の弘法大師《こうぼうだいし》空海《くうかい》や、鎌倉《かまくら》時代の道元《どうげん》などもそうです。当時の中国は、現在のアメリカのような立場にあった国ですが、そういう国へ行って、先端《せんたん》の学問と併せて仏教思想を学んで帰り、それをもとに国づくりを行っていたのです。

このように、宗教には、「学問的な側面」と同時に、「精神的な側面」があり、国家を支える精神的な柱としての役割もありました。日本史と世界史を勉強した人であるならば、少なくとも、これは否定できない事実です。

どうか、「人類の歴史は、現代人が生きている第二次大戦以降だけではない」ということを深く知っておいてください。長い歴史を見れば、宗教の果たした役割には極《きわ》めて大きいものがあります。宗教は、学問と相通ずる関係、あるいは、ほとんどイコールであった時代のほうが長いのです。

## 「産婆役《さんばやく》」としての哲学者《てつがくしゃ》の使命を説いたソクラテス

一方、宗教とは思われていないものの、現在の学問の伝統のなかには、ヨーロッパのギリシャが起源の一つとされる「哲学《てつがく》」というものがあります。「哲学の祖」は、ソクラテスという方です。ソクラテスは書物を書き遺《のこ》しませんでしたが、その思想は、師の言行録《げんこうろく》を書き遺したクセノフォンや、膨大《ぼうだい》な著作を書いたプラトン等の弟子《でし》たちを通して、いろいろな個性を持ちながら著《あらわ》されています。

さらに、アリストテレスが出てきて、西洋における大きな思想の山脈となりました。

しかし、その後の流れを見るかぎり、「二千五百年の長きにわたって、ソクラテスを超《こ》える哲学者がいたか」といえば、結論的には、いなかったわけです。十九世紀、二十世紀と、近年に至るまで、哲学者になる者はたくさん出ていますが、「ソクラテス以上か」といえば、そうではありません。

アテナイの地で、ソクラテスが市民裁判によって死刑《しけい》になったのは、紀元前三九九年のことです。ソクラテスは、紀元前五世紀から四世紀ごろに生きた方であり、釈迦《しゃか》や孔子よりも少し後の時代にあたります。この時代に教えを説いた人から哲学が起こり、現代まで続いているわけです。

ただ、ソクラテスが説いたことは、主に、人間としての生き方や、考えの間違いを正していく、「正義論」につながるような考え方でした。

また、「本当は知らないのに、知っているかのごとく語る人々」に対し、「無知の知」ということを教えました。彼らとの議論を通し、彼らが無知であることを明らかにしていくことによって、「産婆役《さんばやく》」としての哲学者、要するに、「人間が真なる知識に目覚めるための〝産婆〟をすることが、哲学者の仕事である」ということを説いていたわけです。

当時、ソクラテスによって恥《はじ》をかかされた者は、今で言う評論家や学者、有名人に当たるような方々でしょう。そういう人たちは、地団駄《じだんだ》を踏《ふ》んで悔《くや》しがり、ソクラテスに対する恨《うら》みを募《つの》らせました。それで、いろいろな人を動員して、「青年を惑《まど》わす罪」および「信仰《しんこう》を混乱させる罪」ということでソクラテスを糾弾《きゅうだん》し、死刑に至らしめました。彼は、七十歳《さい》で亡《な》くなっています。

これが、西洋において、「真理探究の祖」と言われる方の生き方でありました。

## 宗教家と変わらない「ソクラテスの体質と思想」

ソクラテスの生涯《しょうがい》について書かれた本を読んでみれば、ソクラテスという人は、実に霊的《れいてき》な体質を持っていた方であり、毎日、「ダイモン」という名の守護霊《しゅごれい》と話をしていたことが明らかになっています。

　また、ときどき、瞑想《めいそう》状態になり、茫然《ぼうぜん》と立ち尽《つ》くしていることがありました。いわゆる体外離脱《りだつ》の状態です。「突《つ》っ立ったままの状態で、肉体から魂《たましい》が抜《ぬ》け、天上界《てんじょうかい》に行ったまま、三日間、魂が帰ってこなかった」ということもあったようです。

　これは、私の目で見れば、宗教家と変わらない体質です。「哲学」と呼ばれているだけで、実際には宗教と変わりがありません。

　また、弟子のプラトンがソクラテスの思想について書いた本を読むかぎり、転《てん》生輪廻《しょうりんね》の思想なども、はっきりと打ち出しており、宗教と変わりません。「この世での生き方が善か悪かによって、死後の世界の行く先が違う」ということが、はっきりと書いてあります。

　「ある者は、暗い世界に行って動物になったり、ある者は天国に行ったりする。行く先はトンネルで分かれていて、それぞれ違う所に生まれ変わっていく」というようなことが明確に書いてあります。

ただ、現代の哲学者たちは、そういうことに触《ふ》れるのは恥ずかしいので、できるだけ避《さ》け、哲学を「記号論理学的なもの」や「観念論理的なもの」に持っていっています。読んでもよく分からない難しい文章を書き上げたりして、「哲学的」と聞いただけで、多くの人たちが「ああ、もう分からない」という反応になるようなものにしています。

哲学の祖であるソクラテス自身は、霊的な方であったのですが、現代では、哲学のなかから「霊的なるもの」がスポッと抜け落ちてきているわけです。

## 「霊能者《れいのうしゃ》だったデカルト」と「心霊問題に関心があったカント」

そうした流れを引くなかで、中世には、デカルトやカントのような大哲学者が出てきます。

デカルトも、実は霊能者《れいのうしゃ》であり、「霊夢《れいむ》」を見たことで有名な方です。夢のなかでお告げを得て、さまざまな発見をしたことが、『方法序説《ほうほうじょせつ》』等に出てきます。

また、カントも、心霊問題には非常に強い関心を持っていました。同時代に、「北欧《ほくおう》のスウェーデンに住んでいる、スウェーデンボルグという人が、霊視能力や予知能力を持っていて、天界に行って体験してきた内容を叙述《じょじゅつ》している」ということを聞いて、非常に関心を持っていたのです。

ただ、カントは、「学問には、『対象になるもの』と、『対象にならないもの』がある。自分としては、神を信じている立場であるので、そういうものを否定はしないけれども、自分が対象にできる範囲《はんい》内のことに限って研究をする」という姿勢をとっていたわけです。

しかし、「カントが研究の対象としなかった」という理由によって、カント以降の哲学のなかから、だんだんに、霊的なものを否定する流れが出てきました。

要するに、あの世を信じない人たちが、「哲学は非合理なものを否定するのだ」と言ったために、曲がってきた流れがあるわけです。

ところが、先ほど述べましたように、デカルトは霊能者でもありました。カントも、実は心霊能力などを信じていましたし、当然、神を信じていた人でもあったのです。

## 「最大のオカルティスト」と言われた近代科学の祖・ニュートン

また、「近代科学の祖」であるニュートンこそ、「最大のオカルティスト」とも言われている人です。

ニュートンは、宇宙の解明に努め、実際に、重力等の秘密を解き明かした方であり、彼が科学者であることは明らかです。その一方で、実は、いまだに続いている秘密結社のグランド・マスターでもあり、私と同じような立場に立っていた方なのです。

ニュートンは、そういう〝オカルト人間〟でしたが、造幣局《ぞうへいきょく》の長官を務めたり、科学者をしたりと、この世的な仕事もきちんとできた方でした。

このように、歴史の流れをよく読んでみれば、一律かつ条件反射的に、「宗教は悪であり、信じない」というような考え方は間違いだと考えてよいでしょう。それは、歴史を十分に分かっていない証拠《しょうこ》ではないかと思います。少なくとも、この百年ぐらいしか見ていない考え方ではないでしょうか。

## 2　学問の未来は「宗教」にあり

### 「フロンティアとしての宗教」の研究が学問の進歩を促《うなが》す

今、「宗教教育はなぜ大切か」というテーマに対して、私の考えを述べるとすれば、それは、「人間は、常に新しいフロンティア、未開拓《かいたく》の地平に向かって突《つ》き進んでいく存在でなければならない」ということです。

現にあるものを、「ある」と見るだけでは、学問の進歩はありません。

本来、教育が、学問の進歩に資するものであるならば、現時点では未確認のもの、あるいは不確定であり、未知数であるようなものを、避《さ》けて通ってはならないのであって、むしろ、真剣《しんけん》に立ち向かっていくことが大事です。

したがって、第一印象で拒絶《きょぜつ》するのではなく、「実際には、どのようになっているのか」を考え、立ち向かっていくことです。

「ソクラテスや釈迦《しゃか》、イエス・キリストなど、世界の何十億もの人々が尊敬している方々が認めていた霊的《れいてき》世界や、神や仏といった存在は、本当にあるのか。宗教の教えは、現在、そして未来の人類に対して、多くの教訓を遺《のこ》すものとして存在し続けるのか」

このような観点から、「フロンティアとしての宗教」を研究する必要は十分にあると思います。

また、近現代の物理学を研究している人たちは、意外に、オカルティストです。なぜなら、物理学の世界は、研究すればするほど分からなくなるものであり、宗教の世界に近くなってくるからです。どう考えても、今までの理論だけでは説明できない現象が数多く起きてくるため、これら全部を、いわゆる〝科学的〟に説明しようとしても、無理が出てくるのです。

## 「宇宙人は否定しないが、人魂《ひとだま》は非科学的」と語る某《ぼう》教授

以前、月刊「ザ・リバティ」（二〇一一年八月号）に、早稲田《わせだ》大学の大槻義彦《おおつきよしひこ》名誉《めいよ》教授が出ていました。「『霊的な存在や霊界《れいかい》など、オカルトのようなものが本当にある』と証明できたら、私は、即座《そくざ》に早稲田の教授を辞《や》める」と言い、いつも服の懐《ふところ》に辞表を入れて、さまざまな研究家等と対決をしていた方です。

この人が、「ザ・リバティ」誌上でUFO研究家と対談をしたとき、「いや、宇宙人は絶対にいるよ」と言っていたのです。

「私は、宇宙人を否定したことなど一度もない。こんなにたくさんの星があるなかで、地球にしか人間が住んでいないなど、ありえるわけがないではないか。ただ、『宇宙人の実物を見たいので、引っ張ってきて見せてくれ』『宇宙人が地球

に住んでいるのなら、その〝戸籍謄本《こせきとうほん》〟を取ってきてくれ』とお願いしているだけであって、否定などしていない」というようなことを言っていました。

しかし、一方では、「人魂《ひとだま》や火の玉など、そんなものは非科学的だ。それはプラズマだ」と言って、人工的にプラズマをつくって再現してみせています。確かに、人魂と似たようなものがつくれるため、「プラズマと見間違《みまちが》えたのだ」とよく言っているようです。

それらをプラズマで説明することも可能かとは思いますが、人工プラズマの場合、現に、それをつくっている人がいるわけです。

こうした不思議な現象についても、まだまだ研究しなければいけません。

それから、人間の五感を超《こ》えた世界、すなわち、「第六感」とも言われる「虫の知らせ」や「人の心が読める」といった超《ちょう》自然現象は、もはや否定できないほどの証拠《しょうこ》が数多く出てきていますし、現在、生きている人々のなかにも研究対象が出てきています。

## あくまでも「真理の探究」をしている幸福の科学

私も、毎週のように、幸福の科学総合本部等において、さまざまな〝霊的実験〟を行っていますが、そこには、科学的関心も半分は入っています。「どのような霊的存在があるのか。どのように存在しているのか」ということを知りたくて、さまざまな角度から研究しているのです。

私が行っていること自体は、実証的であり、研究的態度そのものです。

最初から、私は、そのようにしてきました。幸福の科学を始めたころにも、数多くの霊言集《れいげんしゅう》などを出版していましたが、私はその前に六年ほど霊的現象について研究し、「これは、どこまで本当か」ということを追求していたのです。

したがって、私たちの態度は、宗教に対してよく言われるような、「鰯《いわし》の頭も信心《しんじん》から」といったものでは決してありません。そのように、宗教を低いもののように言う人もいますが、幸福の科学は、むやみやたらと、何でもかんでも信じ込《こ》むような、啓蒙《けいもう》主義に反する宗教ではないのです。

私たちは、あくまでも、「真理の探究」をしています。「今まで、人類が解明し切れていないところを解明したい」と思って活動しているわけです。

## 「教養宗教・幸福の科学」には「社会人大学」の機能もある

幸福の科学は、「信じれば、すべて終わり」というような宗教でもありません。現代の宗教学者なども、幸福の科学の特色について、「これは『教養宗教』である」と、はっきり言っています。現代において、「教養宗教」と言えるような宗教は、実は、幸福の科学しかありません。「宗教の勉強をしながら、同時に、いろいろなことが勉強できる」という宗教は、ほかにないのです。

また、「古い時代のことは分かる」という宗教はありますが、「現代のことも同時に分かる」という宗教は当会以外にないと思います。幸福の科学は、政治や経済、法律論など、何から何まで出てくる宗教であるため、「教養宗教」と言われているのです。

これは、結局、当会が「社会人大学」としての機能も果たしていることを意味しています。幸福の科学は、「社会人を啓蒙するための機関」としても機能しているのです。

そのため、当会には、大人の信者がそうとう多く、上は百歳《さい》代の方から、下は幼児や赤ちゃんまで信者を抱《かか》えています。

信者の平均年齢《ねんれい》は五十代ですが、人生経験を何十年か経た方々は、それほど簡単に騙《だま》されるものではありません。みな、人生のさまざまな局面を経験してきた方々ですので、目は肥《こ》えています。したがって、騙されてお金を巻き上げられ、無駄《むだ》金を使わされ、機嫌《きげん》よく何十年も信者でいるようなことはありえないのです。やはり、「人生のためになる」と思って、ついてきてくださっているものだと、私は思っています。

## 3　宗教復活の流れが始まった

### 「真・善・美」に加えて「信仰《しんこう》」の追求を

私自身、現時点においても、真理の探究や追求をやめていません。いまだに勉強を続けています。

そのなかで、私は、「真理の求道者《ぐどうしゃ》にとって、基本的に大事なことは、『真・善・美』の追求、すなわち、『真理とは何か』『善とは何か』『美とは何か』を追求することである」と考えていますが、これに加えて、さらに、「信仰《しんこう》を通して、この世ならざる世界の真相を知り、目覚めたい」という気持ちを持つことが大事です。

日本では、信仰をばかにする人も多いのですが、それは、決して国際標準ではないことを知っていただきたいと思います。

## 世界の多数派は「信仰《しんこう》を肯定《こうてい》する人たち」で出来上がっている

私は、世界中を回り、いろいろな所で講演をしています。アメリカ、ヨーロッパ、オーストラリア、インド、ネパール、フィリピン、香港《ホンコン》、シンガポール、マレーシア、スリランカ、さらにはアフリカなどで、現地の数千人から数万人の人たちを前に、英語の説法《せっぽう》をしていますが、話している内容は、きちんと通じています（韓国《かんこく》、台湾《たいわん》、ブラジルでは日本語で説法し、現地語に同時通訳した）。

違《ちが》った言語や風習を持ち、お互《たが》いに交流したことがない人であっても、私が言っていることはきちんと通じているのです。

むしろ、日本人以上に通じることが多いと感じています。日本語で話していないのに、日本人以上に通じるところがあるのです。それは、私が語っている内容に普遍性《ふへんせい》があるからです。そして、世界の多数派は、信仰《しんこう》を肯定《こうてい》する人たちで出来上がっているからです。

このように、「神仏を真っ向から否定するような人は、世界の多数派ではない」ということを知っていただきたいと思います。

国是《こくぜ》として、無神論・唯物論《ゆいぶつろん》を立てている中国でも、「民衆のレベルでは違う」ということは、はっきりと言えます。民衆のレベルではそうではなく、伝統的な宗教的感情をしっかりと持っています。国の表向きの〝看板〟は無神論・唯物論ですが、これも政治的に利用されている「主義」にすぎず、民衆のレベルでは、そんなことはありません。

その中国も、最近では、孔子《こうし》や孟子《もうし》、荘子《そうし》等の思想を復活させようと、国を挙げて取り組んでいます。それらは、「文化大革命」によって、そうとうな被害《ひがい》を受けた伝統思想ですが、今では復活させようとしているのです。

また、かつての唯物論の大国であるソ連、現在のロシアでも、ギリシャ正教が復活してきており、大統領や首相たちも、さまざまな儀式《ぎしき》に参加しています。

このように、世界は、今、「宗教復活」の流れのなかにありますが、日本がやや取り残されている状況《じょうきょう》です。

## 神を信じない菅《かん》元首相に下った「神罰《しんばつ》」

例えば、二〇一〇年六月、菅直人《かんなおと》氏が首相に就任した直後に、天照大神《あまてらすおおみかみ》から緊《きん》急神示《きゅうしんじ》が降り、「このような穢《けが》れた政権は、断じて許さない。このままでは、まもなく、神罰《しんばつ》が下る」という警告がありました（『最大幸福社会の実現』――天照大神の緊急神示――〔幸福の科学出版刊〕参照）。その後、一年もたたずして、東日本大震災《だいしんさい》などの恐《おそ》ろしい現象が起きたわけです。

天照大神は、菅氏が、根本的に神を信じていないことに対してお怒《いか》りになり、反省を求めていました。そして、「国の為政者《いせいしゃ》たる者は、神仏の側《そば》近き者でなければいけない。『神の心を心として、国民を治める』ということが基本なのだ」というお考えを述べておられました。

天皇という存在は、昔から「神の子孫」として存在していたわけですが、天皇とは、本来、日本における祭司の長、日本神道《しんとう》の祭司長です。しかし、「天皇の補佐役《ほさやく》」としての機関である内閣の部分が遊離《ゆうり》し、まったく神を信じていないような人たちが政治を牛耳《ぎゅうじ》るような事態も出てきています。これに対し、天照大神が一定の不快感を持っておられることは明らかです。

もちろん、「この世のことだけを見て、世の中をよくしていこう」という考え方もありえますし、それも世の中の役には立つと思いますが、日本全体や世界全体を考えたときには、それだけでは足りないでしょう。

## 宗教間の争いは「お互《たが》いの理解不足」が原因

もちろん、「宗教間で争いが起きている」ということをマイナスに捉《とら》える方もいるかもしれません。しかし、それは、宗教についての捉え方がまだ狭《せま》いのであって、もう一段、大きな捉え方をすれば、そうではないのです。

例えば、学校の先生が、「英語・数学・国語・理科・社会のなかで、どれがいちばん大事なのか」という議論をするとします。そのときに、各教科の先生が、「数学がいちばん大事だ」「英語がいちばん大事だ」「国語がいちばん大事だ」などと言い合うのは勝手ですが、実際には、全教科ともそれぞれ大事です。なぜならば、それらを総合して、人間の学力はできてくるからです。

こうした主張の違いが、人間心によって、争いのレベルまで高まってしまうことがあるため、もう一段、大きな観点で、それを収めていかなければなりません。

たとえて言うならば、文部科学省が、「体育や道徳まで含《ふく》めた、すべての科目が大事だ」という立場を取れば、そういう争いごとは、切磋琢磨《せっさたくま》のレベルで収めなければいけないものであることは明らかでしょう。

したがって、「宗教があるから、世界に戦争が起きたり、人々の間で争いが起きたりするのだ」という考え方は、因果《いんが》の理法《りほう》（原因・結果の法則）で見ても、私は、必ずしも正しいとは思いません。

ほとんどの宗教は、どこも、平和を求めて活動していることが多いでしょう。

ただ、それを妨《さまた》げているものは、お互《たが》いの理解不足です。言語の壁《かべ》や風習の壁など、ともに理解することができない壁があって、人間的にぶつかっていると思われるので、これを乗り越《こ》えなければなりません。

## 4 「宗教教育」を実践《じっせん》する幸福の科学学園

「知識教育」以前に、情操《じょうそう》をつくる「宗教教育」を

さて、教育学に進む人が勉強することの多いルソーは、「近代教育学」の祖とも言われています。

ルソーは、その著書を読むかぎり、「宗教教育の大切さ」について気づいてはいるようです。

「ただ、『どういう宗教や宗派を信じるのか』については、ある程度、大人にならないと分からないところがある。だから、子供時代は、アバウトに宗教全体の

感じを教えておいて、大人になってから、『どの宗派を選ぶか』を決めたほうがよい。あるいは、『宗教を信ずる自由』と『宗教を信じない自由』ということもありえるのではないか」

ルソーの思想には、そのような意見を述べているように見えるところがあるのですが、世界の大勢を見るかぎり、宗教教育を非常に早いうちから始めています。

なぜなら、「知識教育」のような、学校で教える高度な学問よりも前に、情操《じょうそう》（美的・道徳的・宗教的感情）をつくる必要があるからです。その情操的なものを、物心《ものごころ》がつく前、つまり、十歳《さい》、十一歳ぐらいになる前につくらないと、人間の魂《たましい》は善なる方向に向いていかないのです。

知識教育だけでは、善も悪も関係なく進んでいくことがあるため、やはり、情操的なものを先につくる必要があります。

したがって、宗教教育は、比較《ひかく》的早いうちから始めることが大事なのです。

## 幸福の科学学園生の「感謝」と「祈《いの》り」の美しさ

私たちは今、幸福の科学学園中学校・高等学校で宗教教育を始めておりますが、とてもよい子供たちが成長しつつあります。

やはり、宗教教育は、「大学を卒業してからでは遅《おそ》い」と言えます。その時点では、すでに、いろいろな知識が入りすぎていて、上から宗教的なものを入れようとしても入りません。

宗教的なものは、本来、心の底のほうに、基礎《きそ》の部分になければならないのですが、いろいろな学問をした上にそれを乗せても、下まではなかなか浸透《しんとう》していかなくなってしまうのです。

学校でいろいろなことを教わるうちに、宗教的なものが分からなくなることがあるので、人間としての情操を練る段階から、少しずつ入れていかなければいけません。子供が素直《すなお》なときに、きちんと教えておくことが非常に大事です。

幸福の科学学園生に会うと、みな、非常に礼儀《れいぎ》正しいですし、感謝の心を非常に強く持っています。学園生が「ありがとうございます」と感謝をしている姿や、祈《いの》っている姿は、とても美しいと感じます。そのあたりのことについては、外部から来られた方も、みな、驚《おどろ》かれています。今どきの学校で、生徒が感謝の言葉を明確に述べることができるところは、めったにないと思うのです。

## 「神仏の目」を意識した教育が「善の心」を引き出す

まだまだ完成には至っておりませんが、私たちは、「今の日本を救うためには、『教育の改革』が必要である。それが大きな柱の一つである」と強く信じている者です。

現在、日本には、いじめや学級崩壊《ほうかい》など、さまざまな問題がありますが、結局、根本《こんぽん》の部分として、「拠《よ》って立つところ」、あるいは、「お互《たが》いの争いを超《こ》えて尊敬できるもの」を上に頂かないと、それを収めることはなかなかできません。この世の利害の調整だけでは終わらないのです。

やはり、「神仏の目を意識して、『この世で生きている意味』『勉強する意味』『社会に出て活躍《かつやく》する意味』などを教えることによって初めて、子供が『善なるものとは何か』を考える心を引き出すことができ、〝educate《エジュケイト》〟する（教育する）ことができる」ということを、私は申し上げたいと思います。

したがって、「できるだけ多くの方に宗教教育の大切さをご理解いただきたい」と心の底から願っていますし、関東で成功を収めつつある幸福の科学学園を「関西にもつくってほしい」という強いご要望を受け、開校を目指している幸福の科学学園関西校（二〇一三年四月開校）の事業も、ぜひとも成功させたいと思っています。

## 地元と共存共栄《きょうそんきょうえい》していけるような関係を築きたい

幸福の科学学園関西校の予定地である数万坪《つぼ》の土地は、都市再生機構から買い取ったものですが、当時の新聞報道によれば、ここは十四兆円もの債務《さいむ》を負っていて、国としても、「何とか整理をつけたい」と考え、売却《ばいきゃく》を急いでいたようです。そのまま放置すれば、ここに国民の税金が投入されていくことは確実だったと思われます。

広い土地をただ放置するのではなく、やはり、世の中の役に立つように、有効に再利用していってこそ、国は富み、活性化すると思いますので、この広大な土地を寝《ね》かせず、「未来のための教育投資」に変えていきたいと考えています。

関西校の建設に関しては、いろいろな意見もあるでしょうが、多くの人の理解が得られるように、力を尽《つ》くして、地元の方々と共存共栄《きょうそんきょうえい》していけるような関係を築いていきたいと思います。

幸福の科学学園那須《なす》本校がある栃木《とちぎ》県の那須町では、学園と地元の方々との関係は非常に良好です。現在、那須本校では、農作物等、地元のいろいろなものを使って運営していますし、栃木県内の他の学校との交流等も非常にうまくいっています。

新設校ながら、突然《とつぜん》、栃木県のナンバーワン校が出現したような状況《じょうきょう》であり、私たちの目標にかなり近づいているのです。

## 非常にレベルが高く、一般《いっぱん》受験が難しい幸福の科学学園

ある種の調査によれば、幸福の科学学園那須本校は、中学も高校も、入学時には、偏差値《へんさち》六十五から六十七ぐらいの学校なのですが、すでに、高校生のなかには偏差値八十を超える生徒が数人いるようなレベルになっています。東大合格可

能圏《けん》は偏差値七十五以上であるようなので、これはすごいことです。栃木県の山奥《やまおく》に、突如《とつじょ》、信じられないような学校が出現したわけです。

このような学校が、琵琶湖《びわこ》のほとりにも出現することになるでしょう。まもなく、開校が迫《せま》っていますが、入学予定の生徒は、全国から集まってきている俊才《しゅんさい》であり、とても優秀《ゆうしゅう》です。地元の方々にも、きっと喜んでいただけると思います。

また、「幸福の科学の信仰《しんこう》を持っているかどうか」によって生徒を差別するようなことはありませんので、もちろん、一般《いっぱん》の方でも受験することは可能です。実際に、二〇一一年に一般の受験生も挑戦《ちょうせん》していますが、残念ながら、学力が足りず、合格しませんでした。信者子弟《してい》が勉強を頑張《がんば》っているため、一般の方を入れたくても、学力的に足りず、どうしても入れられなかったのです。

一般の受験生は、幸福の科学学園がそれほど難しい学校であるとは思っていなかったかもしれません。

合格できなかった一般の受験生には、学園から合否の判定理由を説明した手紙を送らせていただきました。「受験くださって、ありがとうございました。今回は、合格点に届かなかったため、残念ながら、入学はできません」といった説明をしていると思います。

## 「医者」や「経営者」づくりに重点を置く関西校

今後、幸福の科学学園は、おそらく、超《ちょう》進学校になると思います。

特に、関西校は、「医学部に進学する人」と「経営者を目指す人」を重点的につくりあげる学校にしていきたいと思っています。

関西圏には、当会の信者のなかでも経営者が多くいますが、自分の子弟を安心して預けられる学校はあまりないようです。

したがって、経営者の子弟を預かり、企業家《きぎょうか》精神や経営者としての能力、リーダーシップ等を育てる学校、創造性に富んだ学校をつくりたいと考えています。また、医学部等へ進学して社会奉仕《ほうし》に役立つ方を育てられるような学校にしていきたいとも考えています。

一人でも多くの方にご賛同いただき、応援《おうえん》いただけることを、心より願っています。

第5章

# 幸福の科学大学と未来社会

二〇一二年四月十五日

東京都・幸福の科学 東京正心館《しょうしんかん》にて

## 1　大学の開学を早めた経緯《けいい》

幸福の科学学園中学校・高等学校の那須《なす》本校を開校したのは二〇一〇年のことですが、その最初の卒業生を待たずして関西校を着工し、二〇一三年四月には開校の予定です。

本章のテーマである幸福の科学大学も、当初は二〇一六年の開学を予定していました。「幸福の科学学園中学校の第一期生が六年制を卒業する二〇一六年の開学であれば、時間的にも余裕《よゆう》があり、十分に研究もできる」と思っていたのですが、予想以上に幸福の科学学園の評判が高いのです。

二〇一一年の段階では、幸福の科学学園中学校・高等学校ともに、入学するために必要な合格偏差値《へんさち》は六十五でしたが、二〇一二年には幸福の科学学園高等学校の合格偏差値が六十七に上がりました。

この数字は同校が栃木《とちぎ》県最難関校の一つになったことを意味します。開校から二年間の実績しかないにもかかわらず、突然《とつぜん》、栃木県最難関校になったわけです。

実際に、全国から受験生が集まり、合格できない人が増えつつあります。また、幸福の科学の職員子弟《してい》や、あるいは、熱心に活動する信者子弟まで涙《なみだ》をのむケースも見られ、多少、申し訳なく感じています。

「偏差値六十七」というのは、同学年の生徒のうち、だいたい上位三、四パーセントの人しか入れないほどの難しさであり、中学・高校ともに、幸福の科学学園に入れない人がかなり多くなっています。

また、当会信者ではない一般《いっぱん》の人も受験していますが、バタバタと落ちてしまっているようです。試《ため》しに受けてみたつもりが、「合格点まで何点足りない」というようなことを聞き、「こんなに難しいとは知らなかった」と、少しショックを受けているような状況《じょうきょう》なのです。

そのため、二〇一六年開学を予定していた幸福の科学大学も、「できることなら、なるべく早めにトライしようか」と考え、一年ほど前倒《まえだお》しして、二〇一五年の開学を目指すことになりました。ご支援《しえん》くださっているみなさまに、この場を借りて感謝申し上げる次第《しだい》です。

## 2 幸福の科学大学で学べる専門分野

### 人間幸福学部（文系）と未来産業学部（理系）でスタート

さて、本章では、幸福の科学大学の全体的な理念や、「どのような構想を持ち、将来、どういうことにつなげていこうとしているのか」といった、大きな考え方を述べたいと思います。

まず、内部進学についてですが、幸福の科学学園の卒業生のうち、七割程度は受け入れられるのではないかと思います（文科省の指導では、内進は大学定員の五割限度とのことなので、外部生と同じ入試を受けなければならない人も出てくると予想される）。もちろん、幸福の科学大学には設置されていない学部等に行きたい人もいるでしょうし、一般《いっぱん》大学から編入する人もいるでしょう。

また、学部については、宗教の強みを生かし、当初は文系学部だけを考えていたのですが、学園生の進路志望を調査してみると、文系・理系の比率が七対三であることが判明しました。つまり、理系の志望者も三割ほど存在することが分かったため、理系学部も設置することになりました。

最初は、大きく分けて文系学部と理系学部の二学部からスタートさせたいと考えています。文系は「人間幸福学部」、理系は「未来産業学部」という学部になる予定です。

## 幸福の科学大学「人間幸福学部」の概要《がいよう》

文系の「人間幸福学部」のなかには、四つのコースを考えています。

### ・人間幸福コース――帝王学《ていおうがく》を学んだリーダーの輩出《はいしゅつ》

一つ目は、学部の名称《めいしょう》に沿った「人間幸福コース」です。

これは、当会の職員や教員、あるいは一般企業《きぎょう》において信用あるセクションに就《つ》けるような人材を養成するコースであり、言ってみれば、「帝王学《ていおうがく》を学ぶコース」です。「帝王学」と言えば難しく聞こえるかもしれませんが、「リーダーをつくる学科」というように考えてくださって結構です。

### ・国際コース――国際社会で活躍《かつやく》する人材の輩出《はいしゅつ》

二つ目は「国際コース」です。

幸福の科学学園では英語教育への強力な取り組みを行っていますが、幸福の科学大学にも国際コースをつくります。

今、「日本の大学の卒業生の英語力では、世界に通用しない」と言われており、韓国《かんこく》や中国の大学生にも大幅《おおはば》に負け始めています。このままでは、国力の衰退《すいたい》を招くのは間違《まちが》いありません。

ここ数年、日本から海外への留学生数は減っており、東大なども年に十数名しか留学をしていないようです。

「このままではいけない」と思った東大の学長は、二〇一二年一月、「海外の入学時期に合わせ、日本も春入学から秋入学に変えたい」と発表し、ほかの大学の賛同を呼ぼうとしたものの、さまざまに揉《も》めていました。

私は、本章のもとになる法話《ほうわ》を行った二〇一二年四月時点でも、「実際上、これは難しいだろう」と述べましたが、最近になって、東大学長も、「秋入学への移行は困難」と発言しています。

東大には、一学年に約三千人の学生がいますが、そのなかの十数名が留学することのために全部を半年ずらされては、入学も半年遅《おく》れ、就職活動も遅れ、卒業も遅れるため、企業にも迷惑《めいわく》をかけることになります。このように、すべてが影《えい》響《きょう》を受けるため、実際には、かなり厳しい問題を含《ふく》んでいると思います。

しかし、留学に関する問題は、そういった「制度」の問題ではなく、「語学力」の問題のほうも大きいのではないでしょうか。授業での要求レベルが低いために、日本の大学生の語学力もかなり低くなっています。実際、彼らの学力では留学できないのが現実です。

今は、「ゆとり教育」の時代から、少しずつレベルアップしようと努力しているところのようですが、少なくとも、現在の日本の教育では、高校卒業レベルの語学力で、いきなりアメリカの大学などに留学するのは、かなり困難な状況《じょうきょう》です。

もちろん、「大学に入ってから語学力が伸《の》びた」というケースもあるでしょうが、それは、就職に熱心であったり、「国際的な活動をしたい」と思って勉強していたりする人などの場合であって、一般的な大学生であれば、入学したときの学力がいちばん高く、あとはだんだんと下がっていき、留学するほどの学力はないことが普通《ふつう》です。

留学生が減少している背景には、そのような事情もあるのです。

そこで、幸福の科学学園では、生徒が、将来、国際的な人材として活躍《かつやく》できるように、大学の国際コースにつなげるべく、中・高ともに語学レベルを上げているところです。

おそらく、この国際コースでは、「大勢の留学生を海外に送り出すとともに、外国からの留学生も多数受け入れる」というかたちになると考えています。

今、幸福の科学は、世界百カ国で国際伝道等の活動をしているため、「語学のできる人」が非常に欲《ほ》しいところです。したがって、国際社会の第一線でバリバリ活躍する人材を養成すると同時に、英語のみならず、さまざまな第二外国語も取り揃《そろ》え、「世界各地の人々に、その国の言語で真理を伝えられるような人材を輩出《はいしゅつ》する学科をつくりたい」と考えています。

### ・経営成功コース――経営メソッドを学んだ企業家《きぎょうか》の輩出《はいしゅつ》

文系学部の三つ目は「経営成功コース」です。

幸福の科学には、九〇年代から、ベンチャー企業《きぎょう》を起こした会員がそうとういますが、最近では、それらの企業もかなり大きくなり、さまざまなメディアで取り上げられるようになっています。

このように、幸福の科学の「経営メソッド」も、かなりの実績を上げつつあり、これから上場する企業が順番待ちをしているような状況です。今、当会における「経営の基本的な教え方や考え方」を使った人々のなかから、続々と大企業が誕生しつつありますので、「あと十年、二十年もすると、名の知られた、そうとうの企業群が出てくるだろう」と思います。

そういう意味で、「経営の成功」を目指すコースは、日本の国の発展・繁栄《はんえい》にも役に立つものであるため、ぜひ、これをつくっていきたいと考えています。

### ・未来創造コース――政治・司法・行政に携《たずさ》わる人材の輩出《はいしゅつ》

四つ目は「未来創造コース」です。

これは、政治家となる人材の輩出《はいしゅつ》をはじめ、司法や行政等に携《たずさ》わる人材の養成を予定しているコースです。

この「未来創造コース」に関しては、東京の赤坂《あかさか》にある「ユートピア活動推進館」(二〇一二年五月落慶《らっけい》)の一部フロアも使用する予定です。ここは、地上九階、地下二階の二棟《とう》建てとなっているツインビルで、首相官邸《かんてい》から歩いて約五分のところにあります。

この場所は、まだ少し未来のことになるかもしれませんが、幸福実現党が第一党になったときに、歩いて首相官邸に通える位置を考えて決めたもので、将来的には数多くの国会議員が詰《つ》める予定です。ただ、今のところは余裕《よゆう》があるため、九階・八階・七階の三フロアを、幸福の科学大学の法学部または政治学部に相当する「未来創造コース」が使用する予定です。三、四年次の専門課程のときに、こちらのほうで勉強できるようにすることを考えています。

大学の本拠地《ほんきょち》となるキャンパスは千葉にできる予定ですが、東京の赤坂と結んだサテライト授業（衛星中継《ちゅうけい》）によって、どちらからでも授業を聞けるようにするつもりです。

これは、「政治・経済、あるいは国際関係等を勉強するには、首都にいたほうがよい」ということと、「政党と一体化することで、政治や行政等に関するさまざまなフィールドワークなどが可能になる」ということ、さらに、「関連分野の講師を数多く呼べるため、勉強をするには、都内のほうが好都合《こうつごう》である」といったことを考えているわけです。

この場所があれば、少なくとも、授業が可能になるでしょう。

## 幸福の科学大学「未来産業学部」の概要《がいよう》

それから、「未来産業学部」には、理科系のさまざまなものをすべて入れています。理学・工学の基礎《きそ》や、経営的視点、事業家センスを身につけることも兼《か》ねながら、先端《せんたん》技術の勉強をするとともに、食糧《しょくりょう》問題、エネルギー問題、防衛問題等、これから必要となる「未来産業」についての基礎的な学問を学びます。

この未来産業学部は、「これからの日本の新しい産業をつくり出すこと」を、一つの使命として考えています。今後、世の中で必要になってくるものを、ここで研究する予定です。

開学時点で、理系の学部としては一つですが、研究の過程で、だんだんアメーバ的に分裂《ぶんれつ》していくことと思われます。ある程度、研究分野が固まってきたら、学科に分かれ、学部として分かれていくこともあるだろうと考えています。

## ・宇宙時代を拓《ひら》く「ロケット」や「UFO」の開発

また、「当会のことだから」と、私自身が述べるのも少しおかしいかもしれませんが、おそらく、「止めようが止めまいが、いずれはロケットを打ち上げたくなったり、ＵＦＯを飛ばしてみたくなったりするだろう」とは思っています。

これは止めようのないことでしょうから、もし、そういうものにも手を出すのであれば、もう少し、政党が国家予算を引いてこられるようになる必要があるでしょう。しかし、いずれ、そういう時期も来るかと思います。

もし、そうした研究のための場所が足りないようであれば、三十万坪《つぼ》ある幸福の科学の総本山《そうほんざん》・那須精舎《なすしょうじゃ》の境内地《けいだいち》を使うことも考えられます。ここの斜面《しゃめん》を造成すれば、日本に向かって何度も〝人工衛星〟を発射している北朝鮮《きたちょうせん》方面に、丘《おか》の上から人工衛星の発射実験をする程度のことは可能になるのではないでしょうか。あるいは、那須の山からＵＦＯを飛ばすようなことも可能になるかもしれません。

ただ、これを実現するためには、予算との兼ね合いがありますので、どうなるかは何とも言えませんが、「今後のお楽しみ」ということにしておきたいと思います。そのようなことも考えています。

## ・「未来エネルギー」の開発

さらに、エネルギー問題等については、「未来エネルギー」の開発にも取り組んでいくつもりです。

今、核《かく》兵器問題と混同されて、感情的な「原子力発電反対運動」が日本中を覆《おお》っており、世界にまで広がっています。

しかし、日本のように、エネルギー資源のほとんどを海外に依存《いぞん》している国が、原子力発電をすべて止《と》めてしまった場合、何か事が起こったときに、兵糧《ひょうろう》攻《ぜ》めのようなかたちで外国から〝エネルギー攻め〟をされると、日本の産業は動かなくなってしまいます。

したがって、「もっと効率的で、もっと将来性のある代替《だいたい》エネルギーを十分につくり出せるまでは、感情論で原子力発電を止めるべきではない」という考えを持っています。

このような考えを表明しているところは、宗教界では幸福の科学だけのようですが、私は気にしていません。当会は、ほかの宗教と全然違うのです。よその宗教は、古文・漢文を深く勉強していらっしゃるようなところばかりです。一方、当会は、未来のほうに目が向いています。考え方が違うのです。

もちろん、幸福の科学が環境《かんきょう》汚染《おせん》等に対して敏感《びんかん》でないわけではありませんが、やはり、国家運営としては、「エネルギー政策」と「経済政策」とを両立させるようなものでなければならないと考えているのです。したがって、当会は当会なりに、未来のエネルギー開発に取り組むつもりでいるわけです。

### ・「食糧問題《しょくりょう》」の解決を図《はか》る農業・バイオ分野の研究

また、世界の人口が七十億人を超《こ》え、これから百億人へと向かっていくという時代に、「食糧《しょくりょう》問題」は避《さ》けて通れない問題です。「約十億人が飢《う》えている」と言われている今、この問題も解決しなければなりません。したがって、未来の食糧問題を解決するための研究も必要であると考えています。

日本の食糧については、すべて輸入に頼《たよ》るような受け身の姿勢になるのではなく、日本の農業・バイオ系を、「『食糧』と『技術』を輸出できるレベル」まで持っていけるよう、「高付加価値の食べ物」の開発や、「いまだ耕作ができないような場所を、耕作可能にする技術」等の開発にも取り組んでみたいと考えています。

### ・宇宙産業、交通・移動手段、防災・防衛技術の研究

さらには、すでに述べました「宇宙産業」や、「未来のトランスポーテーション（交通）」の研究です。交通・移動手段等の進化に協力できるような技術や、防災関連の技術、また、防衛関係の技術等も必要でしょう。

先ほど、北朝鮮の発射実験について、半分、冗談《じょうだん》めかして述べましたが、〝人工衛星〟と称する弾道《だんどう》ミサイル実験についても、「日本にも軍事用の静止衛星（早期警戒《けいかい》衛星）があれば、もう少しはっきりとした情報がつかめた」というような意見もあります。しかし、予算を出し渋《しぶ》っているために遅れている面もあるでしょう。当会も、宇宙に向けては、積極的に考えていきたいと思っています。

このように、未来産業学部については、強みを発揮して、できるところから拡大していきたいと思います。

## 3　設立理念と将来の展望について

### 学生数は「千人から五千人規模」を予定

幸福の科学大学のキャンパスとしては、千葉県に十万坪《つぼ》の土地を確保してありますが、前述したとおり、東京にも、幸福実現党の本部が入っている「ユートピア活動推進館」の一部を使い、政治コースでもある「未来創造コース」をつくります。

やがては、都市部にあったほうがよい学部・学科等のために、都心にビル型校舎をつくることもありうると考えています。

前節で、幸福の科学大学の学部とコースについて説明しましたが、このそれぞれのコースが、やがて学部に昇格《しょうかく》する予定です。

ただ、最初、ある程度のかたちをつくるまでは慎重《しんちょう》にいきたいので、初年度の入学者数は、文科系百七十名、理科系七十名の計二百四十名ぐらいにし、四学年の学生数は千人前後で考えています。

理科系の学生には、大学院が必要になると思われます。そこで、卒業生が進学できるように、大学院を設置する予定です。

土地は、当会の研修施設《しせつ》である千葉正心館《しょうしんかん》の境内地《けいだいち》の半分を、学校法人に寄付したものですが、これで、だいたい五千人規模までの大学はつくれるめどが立っています。最初は千人規模ですが、現段階で、「学部数五～六学部、学生数五千人の大学」までの展望は見えています。

そこから先の規模については、学生からの人気にもよります。「卒業生の活躍《かつやく》」や「大学としての付加価値」など、どれだけ学生に必要とされているかによって、大きさも変わっていくことでしょう。あとは、「大学の発展計画」が大事であると思います。

とりあえず、私たちの役目は、打ち上げ初期の〝第一段ロケット〟までと考えています。

以上、簡単に、今の段階で考えていることを申し上げましたが、その後、拡大していくことはできると思います。

## すべては「地上ユートピアの建設」という理念のために

幸福の科学大学の予定地は、千葉正心館に隣接《りんせつ》する大きな土地です。

マスコミの一部には、「宗教法人の境内地には税金がかからないから、ずるいことをした」などと言うところもありますが、二〇〇八年の購入《こうにゅう》段階では、まだ学校法人はなく、二〇一〇年に幸福の科学学園の那須《なす》本校が開校したのです。

さらに、学園での二年余りの実績を経て、「これでやっと大学がつくれる」という運営上の自信を得たため、卒業生が入れるように、大学を設立しようとしている段階なのです。

私たちは、あくまでも、宗教法人の境内地として土地を取得し、その境内地の一部を、宗教法人の「活動の具体化」の一部として使おうとしています。

例えば、幸福実現党は、政治方面における宗教活動の具体化の一部です。同じように、幸福の科学学園は、学問領域における幸福の科学の理念の具体化の一つなのです。

やはり、宗教法人も学校法人も、ともに公益法人ですので、境内地の一部を大学のほうで使うこと自体は、何ら問題のないことであると考えます。

しかし、幸福の科学学園中学校・高等学校の那須本校、そして関西校と、立て続けに二校も建て、卒業生が出ていない段階で、すでに大学の設立に着手し、さらに、横浜《よこはま》正心館、ユートピア活動推進館、仙台《せんだい》正心館など、各地に次々と教団の研修施設等が建立《こんりゅう》されていくのを見れば、多少、腹の立つ人がいるのも、よく分かります。「不況期《ふきょう》に、次から次へと、よくやるよ」と、腹を立てる人もいることでしょう。

ただ、こうした活動は、今のゼネコン業界、その他の会社に数多くの仕事を差し上げることにもなっています。すなわち、「日本の雇用《こよう》を維持《いじ》する」という経済的貢献《こうけん》もしつつ、未来産業や未来社会の発展のための〝基盤《きばん》工事〟を行っているわけであり、決して悪いことではありません。むしろ、よいことをしているわけです。政府に代わり、「今なすべきこと」を、私たちがしているのです。

したがって、「いささかも怯《ひる》むことはない」と考えています。すべては、「地上ユートピアの建設」という理念の実現のために行っていることであるため、一本、筋が通っているのです。

## 日本と世界の発展に貢献《こうけん》できる人材をつくりたい

幸福の科学大学の理念について、別な言葉で言えば、「日本の未来を建設する」ということです。ここに、すべてが集約されていると思います。それは、「日本という国家が未来に存続しうるための条件」でもあります。

つまり、幸福の科学大学は、「日本の国を再創造し、もう一度の発展をつくる」と同時に、やはり、「世界のリーダーとして、世界を発展させるための礎《いしずえ》となる」ということです。

大きな表現をするならば、「幸福の科学大学を『新文明の源流』『新文明の発信基地』にしたい」という気持ちを、私は強く強く持っているのです。

明治維新以降、日本では、外国のまねをした大学が数多くできました。そこから優秀《ゆうしゅう》な人材を大勢輩出《はいしゅつ》し、国の発展のために寄与《きよ》したのは、もちろん事実です。

ただ、足りないものもあると思うのです。

例えば、私の卒業した東京大学は、ずいぶんと人材を輩出しました。しかし、初代学長からして、新しい宗教や心霊《しんれい》現象等に対して拒絶感《きょぜつかん》を持っていた人だったようです。

東京大学の在学生や卒業生にも、どうも信仰《しんこう》が薄《うす》いというか、宗教が分かっていない人が多いようです。そもそも、宗教についてまったく教えていないため、分かるはずもないのでしょう。

また、日本を代表する私学の一つ、慶応義塾《けいおうぎじゅく》大学の創始者・福沢諭吉《ふくざわゆきち》先生のことは、私もご尊敬申し上げておりますし、当会の霊言集《れいげんしゅう》にも登場していますが（『福沢諭吉霊言による「新・学問のすすめ」』〔幸福の科学出版刊〕参照）、生前の『福翁自伝《ふくおうじでん》』には、こんな内容のことが得意気《げ》に書かれています。

「稲荷《いなり》様の社《やしろ》を開けてみると石が入っていた。『何だ、こんなもの。ただの石ころじゃないか』と、黙《だま》って御神体《ごしんたい》の石を捨ててしまい、代わりの石を入れておいたが、何も罰《ばち》は当たらなかった」

これを読めば、慶応卒業生の信仰心がなくなっていくのも分かるような気がします。やはり、少し問題があるでしょう。

福沢先生も、今は、天上界《てんじょうかい》で反省し、「削除《さくじょ》したい」と思ってはいるものの、削除させてもらえないため、困っているようです（前掲《ぜんけい》『福沢諭吉霊言による「新・学問のすすめ」』参照）。

このように、日本の客観情勢としては、偏差値《へんさち》が上がるにつれて、信仰心というか、宗教心が薄れていく傾向《けいこう》があります。

また、人々の関心が知識や技術に偏《かたよ》り、それらを使って立身出世する方向へと向かっていくため、非常に個人主義的で「利己的な人間」ができやすくなる傾向があります。

これは、大学教育の陰《かげ》の面です。役に立っている面もありますが、その裏面として、自分の立身出世のためだけに偏差値や学歴を使っている面もあると思うのです。

一方、幸福の科学学園では、「高貴なる義務」という言葉を掲《かか》げています。優《すぐ》れた能力を持った人に、多くの投資をし、人材として育てるからには、やはり、この国や世界の発展に対して貢献《こうけん》できる人材をつくらなければなりません。「そういう教育を受ける人たちには、それだけの義務がある」と考えているのです。

## 日本と欧米《おうべい》の大学の違《ちが》いは「信仰心《しんこうしん》の有無《うむ》」

日本人のなかには、宗教心や信仰心《しんこうしん》がないことを、よいことのように思っている人もいるかと思います。

しかし、先年、私が視察に行った、アメリカ西海岸のスタンフォード大学は、その中心に教会がありました。かなり大きなキャンパスを持つスタンフォード大学の中央には教会が建っているのです。

もちろん、そこは、結婚《けっこん》式もできる普通《ふつう》の教会なのですが、なんと、その教会で入学式や卒業式も行われています。学生たちは、帽子《ぼうし》やマントをかぶり、父兄《ふけい》も集まるなか、教会で卒業証書を渡《わた》されるのです。

このように、アメリカの大学の中心には教会があります。日本人は、アメリカやヨーロッパのまねをして大学をつくったつもりでいるのかもしれませんが、「肝心《かんじん》なものが一つ抜《ぬ》けている」ということを知らなければなりません。

実は、日本がまねをした欧米《おうべい》は、みな、「神の国」であり、信仰心を持っている国なのです。そういう国々で「信仰心を持っていない」ということは、入国したり、職業に就《つ》いたり、国籍《こくせき》を取ったりする上での障害になります。「信仰心を持っていない人、教会に所属していない人は、埋葬《まいそう》さえしてもらえず、人間以下の扱《あつか》いを受ける」というのが欧米の常識なのです。

私は、唯物論《ゆいぶつろん》に傾《かたむ》いている日本の現状が、非常に残念でなりません。今の日本人には、「技術や知識だけでできる」と思っているところがあると思います。確かに、「知は力なり」という言葉のとおり、「知っている」ということは力になりますが、欧米の伝統においては、もう一段、奥《おく》にあるものを、きちんと知っています。

つまり、欧米の大学のもとには、修道院の学僧《がくそう》カルチャーが入っているのです。日本の大学においても、そのもとをたぐれば寺院になります。日本における学問は、もともとはお寺で行われていました。そこで経典《きょうてん》の勉強をしていたような所が、大学のもとになっているわけです。

すなわち、新しい外国の学問は、仏教として入ってきたり、キリスト教として入ってきたりしていたのです。宗教と大学には、このような親和性があることをご理解いただければと思います。

## 将来の医学部創設は「霊的《れいてき》世界観と医学の融合《ゆうごう》」が鍵《かぎ》

さらに、理科系では、医学部等の設立も問題になるわけですが、私は、現代医学における技術、すなわち、医療《いりょう》技術や機器、薬物による治療等を否定する者ではありません。「役に立つものは、どんどん使ってよい」というように考えています。ただ、「人間機械論」のような考え方に基《もと》づく医学には、一定の疑問を持っています。

もちろん、医学には、「物体的な人間」を研究対象とする側面もあるかとは思います。

しかし、「人間の肉体には魂《たましい》が宿っている。人間は、霊界《れいかい》に本拠《ほんきょ》を持ち、この世に生まれ変わって魂修行《しゅぎょう》をしている存在である」という基礎《きそ》理念のところを忘れ、人間を「物」としてだけ扱っているうちに、医学が難解な学問となったため、医学部の偏差値は上がる一方で、唯物論の蔓延《まんえん》する傾向も出てきています。

こうした問題に対しては、ある程度、「霊的世界観と医学の融合《ゆうごう》」をなすことができれば、将来的に、幸福の科学大学にも医学部のようなものをつくることは可能かと思います。

ただ、幸福の科学の場合、精舎《しょうじゃ》などでの宗教修行によって病気が治ってしまうことがあるため、少々ややこしくはあります。西洋医学では、「こんなものが治るわけがない」「ガンは切り取らなければ治らない」などと言っている病気を、祈願《きがん》で治してしまうわけです。こうした話を医者などが聞くと、頭がクラクラしてくるでしょうから、ここをどう調整するかという問題が、多少は残っています。

いちおう病院も〝賑《にぎ》わって〟はいるので、一定の成果が上がっていることは間《ま》違《ちが》いありません。病院で治せるものは治して構わないと思います。病院であれば、大勢の患者《かんじゃ》を診察《しんさつ》することもできますし、「同じ方法で繰《く》り返し治せる」というところもよい点なので、病院で治せる病気は、治してくださって結構です。

すべての人の病気を宗教で治すことは、手間がかかってしまいますので、とてもではありませんが、できかねます。しかし、幸福の科学大学の医学部と大学病院ができた場合には、「患者はまず病院へ行き、病院で治らなかったら、千葉正心館に行って祈願する」ということでもよいかと思います。

そのように、何らかのかたちで医学と宗教の共存ができるのであれば、幸福の科学大学に医学部をつくることもできるのではないかと思っています。

## 4　幸福の科学大学が拓《ひら》く未来社会

### 海外からも要望の多い「幸福の科学の学校事業」

いずれにしても、大学の設立事業は、夢のあることですし、一定のかたちとして完成を見るまでに百年はかかるかもしれませんので、次の子孫《こまご》の代に大を成すところまで考えておかなければならないでしょう。

幸福の科学グループがここまで来ることができたのは、信者のみなさんのご精《しょう》進《じん》、ご活躍《かつやく》の賜物《たまもの》だと思います。

しかし、「海外にも幸福の科学学園や幸福の科学大学をつくりたい」という声も、すでに上がっていますし、これからも上がり続けると思われますので、教団としては、もう一段の精進をしないと、現実に、とても支えきれるものではありません。

「日本国内の景気が悪い」ということは、そうしたものを待望している海外に対しても、ある意味で、非常に迷惑《めいわく》をかけることになります。日本が、もっともっと好景気になり、経済的に成長することで、海外での救世運動も活発に推《お》し進めることができるようになるわけです。

したがって、今、私たちは、日本をよくするために、宗教本体としても、もう一段、二段の修行《しゅぎょう》を重ねていくことが大事であると考えています。また、政党や学校事業などを通じて、日本の国の隅々《すみずみ》まで光を行き渡《わた》らせることができるようになろうとしていることを、とてもうれしく思っています。

## 「国際社会で通用する学問」をつくるべく真理の探究を

幸福の科学は、「日本の宗教のなかで、最もカルト性が低い」と言われている宗教です。言葉を換《か》えれば、「いちばんまともな宗教である」ということですから、あまり先入観を持っていただきたくないのです。

「伝統的な宗教であれば大丈夫《だいじょうぶ》だ」と思っている人もいるかもしれませんが、伝統的なものにも、内容のおかしなものは数多くあります。

むしろ、幸福の科学は、新しい宗教であるがゆえに、内容が吟味《ぎんみ》され、洗練されるため、現代の競争社会のなかで生き残れる条件を十分に持っています。特に、「国際社会で通用する宗教である」というところには自信を持っています。

したがって、幸福の科学大学では、国際社会で通用する学問をつくるつもりですし、学問の場において、ソクラテス的な意味での、本当の「真理の探究」をしてみたいと考えています。

## 文系・理系とも「使える」と言われる人材を輩出《はいしゅつ》したい

卒業生は、会社に入るなり、独立して事業をするなり、さまざまな道に進むことになるでしょうが、周りの人々から、「幸福の科学学園、幸福の科学大学の卒業生は、本当に使える」と言っていただくことを、私の喜び、成果にしたいと思います。

この世的な評価は、いろいろとあろうかと思いますが、「実際に、採用してみたら、使える人材だ。仕事がよくできるし、人物的にも、リーダーシップがあり、帝王学《ていおうがく》も学んでいる。これは立派だ」と言われるような学生を輩出《はいしゅつ》したいと考えているのです。

それは、理系人材に関しても同様のことが言えます。

幸福の科学大学の未来産業学部をつくるに当たって、私は、一つの条件をつけています。普通《ふつう》は、単なる理系の卒業生だと、例えば、当会の教団職員になっても、駄目《だめ》な場合がけっこう多いのです。すでに職員として存在している人がいるので、少し言いにくいのですが、駄目な人は数多くいます。本当に唯物論《ゆいぶつろん》しか習っていないため、無理もないのですが、駄目な人が多いのです。

しかし、「『幸福の科学大学の理系学部を卒業した人が、教団の職員になったら使えない』というようなことだけは勘弁《かんべん》してほしい」という声も入っているので、それについては心得ています。したがって、理系学部を卒業しても、幸福の科学の職員として使えるレベルの内容は、しっかりと持たせたいと思っています。

そういう意味で、文系・理系にかかわらず、「帝王学」や「リーダー学」、あるいは、「多くの人を使って事業を成功させる能力」などを養っていきたいと考えているのです。

このように、夢は無限に広がっていきます。今後とも、ご支援《しえん》、ご協力のほど、お願い申し上げます。

## あとがき

わかりやすい切り口で私の教育思想が語られている一冊だと思う。関西校の設立から、さらに幸福の科学大学開学への希望に満ち満ちている内容だ。

学園那須本校への評価も高まりつつあり、自信もついてきている。学園関係の先生方や、生徒たち全員が力をあわせて、素晴らしいものをつくろうと努力してきた結果だと思う。この運動が日本や世界の学校教育をリードするものになることを願ってやまない。

真の宗教を核にした教育こそ、イジメ問題や、教育荒廃に対する最終的な答えだと思う。

力の続く限り、後世への最大遺物（内村鑑三）の一つと思って、学園事業を成し遂げたい。未来を拓《ひら》く人材の輩出を実現させたく願っている。

私の宝物たちよ、未来に向かって羽ばたいてゆけ。

二〇一三年　一月三十日

幸福《こうふく》の科学《かがく》グループ創始者兼総裁《そうししゃけんそうさい》　大川隆法《おおかわりゅうほう》
（幸福《こうふく》の科学学園創立者《かがくがくえんそうりつしゃ》）

『教育の使命』大川隆法著作参考文献


『教育の法』（幸福の科学出版刊）
『救世の法』（同右）
『幸福の科学学園の未来型教育』（同右）
『真のエリートを目指して』（同右）
『英語が開く「人生論」「仕事論」』（同右）
『富国創造論』（同右）
『マルクス・毛沢東のスピリチュアル・メッセージ』（同右）
『最大幸福社会の実現――天照大神の緊急神示――』（同右）
『福沢諭吉霊言による「新・学問のすすめ」』（同右）

教育《きょういく》の使命《しめい》 ――世界をリードする人材の輩出を――

2013年2月9日　初版第1刷

著　者　　大《おお》川《かわ》隆《りゅう》法《ほう》

発行所　　幸福の科学出版株式会社

〒107-0052 東京都港区赤坂2丁目10番14号
TEL(03)5573-7700
http://www.irhpress.co.jp/

印刷・製本　株式会社 堀内印刷所

落丁・乱丁本はおとりかえいたします

ISBN978-4-86395-306-2 C0037
Photo: アフロ

## 大川隆法ベストセラーズ・理想の教育を目指して

# 教育の法

### 信仰と実学の間で

深刻ないじめ問題の実態と解決法や、尊敬される教師の条件、親が信頼できる学校のあり方など、教育を再生させる方法が示される。

1,800円

# 真のエリートを目指して

### 努力に勝《まさ》る天才なし

幸福の科学学園で説かれた法話を収録。「学力を伸ばすコツ」「勉強と運動を両立させる秘訣」など、未来を拓く心構えや勉強法が満載。

1,400円

# 幸福の科学学園の未来型教育

### 「徳ある英才」の輩出を目指して

幸福の科学学園の大きな志と、素晴らしい実績について、創立者が校長たちと語りあった――。未来型教育の理想がここにある。

1,400円

※表示価格は本体価格(税別)です。

## 大川隆法 ベストセラーズ・個性がきらめく教育とは

### お母さんの子育てバイブル
# じょうずな個性の伸ばし方

幼児から小学生のママ必読！「どうしてこの子は」「何でうちの子だけが」と、子育てに悩み、疲れてしまっても、この一冊で心スッキリ。

1,400円

---

# 公開対談
# 幸福の科学の未来を考える
### すべては愛から始まる

幸福の科学の未来について、父と息子が本音で語り合った公開対談。実体験を交えた学校教育の問題点なども明かされる。

1,300円

---

# 父と娘のハッピー対談
# 未来をひらく教育論

時代が求める国際感覚や実践的勉強法など、教養きらめく対話がはずむ。世代を超えて語り合う、教育のあり方。

1,200円

## 大川隆法ベストセラーズ・希望の未来を切り拓く

# 未来の法

## 新たなる地球世紀へ

暗い世相に負けるな! 悲観的な自己像に縛られるな! 心に眠る無限のパワーに目覚めよ! 人類の未来を拓く鍵は、一人ひとりの心のなかにある。

2,000円

# 英語が開く「人生論」「仕事論」

## 知的幸福実現論

あなたの英語力が、この国の未来を救う——。国際的な視野と交渉力を身につけ、あなたの英語力を飛躍的にアップさせる秘訣が満載。

1,400円

# 政治と宗教の大統合

## 今こそ、「新しい国づくり」を

国家の危機が迫るなか、全国民に向けて、日本人の精神構造を変える「根本的な国づくり」の必要性を訴える書。

1,800円

※表示価格は本体価格(税別)です。

Noblesse《ノーブレス》 Oblige《オブリージ》

「高貴なる義務」を果たす、
「真のエリート」を目指せ。

# 幸福の科学学園
## 中学校・高等学校（那須本校）

Happy Science Academy Junior and Senior High School

私は、
教育が人間を創ると
信じている一人である。
若い人たちに、
夢とロマンと、精進、
勇気の大切さを伝えたい。
この国を、全世界を、
ユートピアに変えていく力を
出してもらいたいのだ。

（幸福の科学学園 創立記念碑より）

幸福の科学学園 創立者
**大川隆法**

幸福の科学学園（那須本校）は、幸福の科学の教育理念のもとにつくられた、男女共学、全寮制の中学校・高等学校です。自由闊達な校風のもと、「高度な知性」と「徳育」を融合させ、社会に貢献するリーダーの養成を目指しており、2013年4月には開校三周年を迎えます。

幸福の科学グループの教育事業

Noblesse Oblige《ノーブレス　オブリージ》

「高貴なる義務」を果たす、
「真のエリート」を目指せ。

2013年 春 開校予定

# 幸福の科学学園
# 関西中学校・高等学校

Happy Science Academy
Kansai Junior and Senior High School

学校設置認可申請中

私は日本に
真のエリート校を創り、
世界の模範としたい
という気概に満ちている。
『幸福の科学学園』は、
私の『希望』であり、
『宝』でもある。
世界を変えていく、
多才かつ多彩な人材が、
今後、数限りなく
輩出されていくことだろう。

（幸福の科学学園関西校 設立記念碑より）

幸福の科学学園 創立者
大川隆法

滋賀県大津市、美しい琵琶湖の西岸に開校する幸福の科学学園（関西校）は、男女共学、通学も入寮も可能な中学校・高等学校です。発展・繁栄を校風とし、宗教教育や企業家教育を通して、学力と企業家精神、徳力を備えた、未来の世界に責任を持つ「世界のリーダー」を輩出することを目指します。

# 幸福の科学学園・教育の特色

## 「徳ある英才」の創造

教科「宗教」で真理を学び、行事や部活動、寮を含めた学校生活全体で実修して、ノーブレス・オブリージ（高貴なる義務）を果たす「徳ある英才」を育てていきます。

毎朝夕のお祈りの時間

## 天分を伸ばす「創造性教育」

教科「探究創造」で、偉人学習に力を入れると共に、日本文化や国際コミュニケーションなどの教養教育を施すことで、各自が自分の使命・理想像を発見できるよう導きます。さらに高大連携教育で、知識のみならず、知識の応用能力も磨き、企業家精神も養成します。芸術面にも力を入れます。

探究創造科発表会

## 一人ひとりの進度に合わせた「きめ細やかな進学指導」

熱意溢れる上質の授業をベースに、一人ひとりの強みと弱みを分析して対策を立てます。強みを伸ばす「特別講習」や、弱点を分かるところまでさかのぼって克服する「補講」や「個別指導」で、第一志望に合格する進学指導を実現します。

授業の様子

## 自立心と友情を育てる「寮制」

寮は、真なる自立を促し、信じ合える仲間をつくる場です。親元を離れ、団体生活を送ることで、縦・横の関係を学び、力強い自立心と友情、社会性を養います。

体育祭

# 幸福の科学学園の進学指導

## 1 英数先行型授業

受験に大切な英語と数学を特に重視。「わかる」（解法理解）まで教え、「できる」（解法応用）、「点がとれる」（スピード訓練）まで繰り返し演習しながら、高校三年間の内容を高校二年までにマスター。高校二年からの文理別科目も余裕で仕上げられる効率的学習設計です。

## 2 習熟度別授業

英語・数学は、中学一年から習熟度別クラス編成による授業を実施。生徒のレベルに応じてきめ細やかに指導します。各教科ごとに作成された学習計画と、合格までのロードマップに基づいて、大学受験に向けた学力強化を図ります。

## 3 基礎力強化の補講と個別指導

基礎レベルの強化が必要な生徒には、放課後や夕食後の時間に、英数中心の補講を実施。特に数学においては、授業の中で行われる確認テストで合格に満たない場合は、できるまで徹底した補講を行います。さらに、カフェテリアなどでの質疑対応の形で個別指導も行います。

## 4 特別講習

夏期・冬期の休業中には、中学一年から高校二年まで、特別講習を実施。中学生は国・数・英の三教科を中心に、高校一年からは五教科でそれぞれ実力別に分けた講座を開講し、実力養成を図ります。高校二年からは、春期講習会も実施し、大学受験に向けて、より強化します。

## 5 幸福の科学大学（仮称・現在構想中）への進学

二〇一五年四月開学を予定している幸福の科学大学への進学を目指す生徒には、留学用英語や専門基礎の先取りなど、実社会で役立つ学問の基礎を指導します。

授業の様子

**詳しい内容、パンフレット、募集要項のお申し込みは下記まで。**

**幸福の科学学園 関西中学校・高等学校**

〒520-0248
滋賀県大津市仰木の里東2-16-1
TEL.077-573-7774
FAX.077-573-7775
[公式サイト]
www.kansai.happy-science.ac.jp
[お問い合わせ]
info-kansai@happy-science.ac.jp

**幸福の科学学園 中学校・高等学校**

〒329-3434
栃木県那須郡那須町梁瀬 487-1
TEL.0287-75-7777
FAX.0287-75-7779
[公式サイト]
www.happy-science.ac.jp
[お問い合わせ]
info-js@happy-science.ac.jp

仏法真理塾

# サクセスNo.1

未来の菩薩を育て、仏国土ユートピアを目指す！

「サクセスNo.1」のねらいには、「仏法真理と子どもの教育面での成長とを一体化させる」ということが根本にあるのです。

大川隆法総裁　御法話『サクセスNo.1』の精神」より

## 仏法真理塾「サクセスNo.1」とは

宗教法人幸福の科学による信仰教育の機関です。信仰教育・徳育にウエイトを置きつつ、将来、社会人として活躍するための学力養成にも力を注いでいます。

サクセスNo.1 東京本校（戸越精舎内）

### 信仰教育が育む健全な心

御法話拝聴や祈願、経典の学習会などを通して、仏の子としての「正しい心」を学びます。

### 学業修行で学力を伸ばす

忍耐力や集中力、克己心を磨き、努力によって道を拓く喜びを体得します。

### 法友との交流で友情を築く

塾生同士の交流も活発です。お互いに信仰の価値観を共有するなかで、深い友情が育まれます。

サクセスNo.1は全国に、本校・拠点・支部校を展開しています。

| | |
|---|---|
| 東京本校<br>TEL.03-5750-0747　FAX.03-5750-0737 | 札幌本校<br>TEL.011-768-7734　FAX.011-768-7738 |
| 名古屋本校<br>TEL.052-930-6389　FAX.052-930-6390 | 福岡本校<br>TEL.092-732-7200　FAX.092-732-7110 |
| 大阪本校<br>TEL.06-6271-7787　FAX.06-6271-7831 | 宇都宮本校<br>TEL.028-611-4780　FAX.028-611-4781 |
| 京滋本校<br>TEL.075-694-1777　FAX.075-661-8864 | 沖縄拠点<br>TEL.080-3757-5074 |
| 神戸本校<br>TEL.078-381-6227　FAX.078-381-6228 | 広島拠点<br>TEL.090-4913-7771 |
| 西東京本校<br>TEL.042-643-0722　FAX.042-643-0723 | 高松拠点<br>TEL.087-811-2775　FAX.087-821-9177 |

全国支部校のお問い合わせは、
サクセスNo.1 東京本校（TEL. 03-5750-0747）まで。
メール info@success.irh.jp

## エンゼルプランV

信仰教育をベースに、知育や創造活動も行っています。

信仰に基づいて、幼児の心を豊かに育む情操教育を行っています。また、知育や創造活動を通して、ひとりひとりの子どもの個性を大切に伸ばします。お母さんたちの心の交流の場ともなっています。

TEL 03-5750-0757　FAX 03-5750-0767
メール angel-plan-v@kofuku-no-kagaku.or.jp

## ネバー・マインド

不登校の子どもたちを支援するスクール。

「ネバー・マインド」とは、幸福の科学グループの不登校児支援スクールです。「信仰教育」と「学業支援」「体力増強」を柱に、合宿をはじめとするさまざまなプログラムで、再登校へのチャレンジと、進路先の受験対策指導、生活リズムの改善、心の通う仲間づくりを応援します。

TEL 03-5750-1741　FAX 03-5750-0734
メール nevermind@happy-science.org

## ユー・アー・エンゼル!(あなたは天使!)運動

障害児の不安や悩みに取り組み、ご両親を励まし、勇気づける、障害児支援のボランティア運動です。学生や経験豊富なボランティアを中心に、全国各地で、障害児向けの信仰教育を行っています。保護者向けには、交流会や、医療者・特別支援教育者による勉強会、メール相談を行っています。

TEL 03-5750-1741　FAX 03-5750-0734
メール you-are-angel@happy-science.org

## シニア・プラン21

生涯反省で人生を再生・新生し、希望に満ちた生涯現役人生を生きる仏法真理道場です。週1回、開催される研修には、年齢を問わず、多くの方が参加しています。現在、全国5カ所(東京、名古屋、大阪、福岡、新潟)で開校中です。2013年4月から、仙台等でも開校します。

東京校 TEL 03-6384-0778　FAX 03-6384-0779
メール senior-plan@kofuku-no-kagaku.or.jp